KB273263

천연 효모로 만드는
빵 · 과자 레시피

시작하며

'효모'라고 하면 '빵 만들기'를 떠올리는 분들이 많으시겠지만, 저는 '과자 만들기'에도 '효모'를 즐겨 사용합니다. 천연효모종을 넣은 반죽은 소다나 베이킹파우더를 넣지 않아도 스스로의 힘으로 한껏 부풀어 오르는데, 이때 밀가루 반죽 안에 맛있는 '당분'이 생겨납니다. 바로 이러한 장점을 살린 효모로 만든 빵·과자에는 튀지 않는 소박한 단맛과 함께, 다른 과자 에서는 맛 볼 수 없는 고유한 풍미가 살아 있습니다.

요즘은 과일이나 채소를 이용해서 만들은 '나만의 효모종'을 가지고 계신 분들이 늘어나고 있습니다. 예쁘게 부글부글 기포를 만들며 살아 숨 쉬며 활동하고 있는 효모는, 마치 건강 하고 사랑스러운 내 아이를 바라보고 있는 듯한 즐거운 착각에 빠지게 합니다. 그 기포 안에 사랑스럽고 작은 생명이 존재하고 있음이 기쁨과 감동을 주는 것이지요. 저 또한 저만의 오래된 천연효모종을 만들어 사용하고 있습니다. 이들은 늘 저와 함께 생활하며 소박한 기쁨을 주는 참 좋은 친구들입니다.

효모가 살아 숨 쉬는 과자를 만들기 위해서는 '발효'라는 과정이 반드시 필요합니다. 이제 막 동그랗게 부풀어 오른 반죽으로 구운 빵·과자는 또 다른 고소하고 향기로운 맛의 즐거움을 줍니다. 효모종 반죽의 시작에서 발효 그리고 원하는 빵·과자가 다 구워질 때까지는 다소 시간이 걸리기도 하지만, 이런 기다림의 시간은 전혀 지루한 일이 아닙니다. 왜냐하면 그 시간동안 하고 싶었던 일들을 하면서 일상을 여유롭고 느긋하게 즐기면 되니까요.

특히, 설탕이나 달걀, 버터를 넣어 만드는 빵·과자는 바게트처럼 밀가루와 소금만으로 심플하게 만드는 주식용 빵보다 효모종의 상태와 타이밍의 조절이 까다롭지 않기 때문에 초보자라도 손쉽게 만들 수 있습니다. 지금까지 어렵게 주식용 빵을 구웠던 분들은 새롭게 용기를 내어 효모종을 넣은 빵·과자 만들기에 한번 도전해 보시기 바랍니다. 신기하고도 간편한 효모사용법을 통해 지금까지 몰랐던 천연효모종의 새로운 매력을 경험해 보세요. 여러분의 빵·과자 만드는 실력이 한층 더 향상될 것입니다.

우선은 과자와 빵을 통해 효모와 가볍게 친해지세요.
그리고 자연의 여유롭고 느긋한 발효의 흐름 속에서
효모가 우리에게 선사해 주는 신선한 즐거움을 느껴
보시기 바랍니다.

목차

🧁 천연효모 간식 빵

🧁 과자와 빵을 더욱 맛있게 만드는 아이템

🧁 자연발효 천연효모종과 발효 이야기　　67

연습과 반복, 시행착오의 천연효모종 만들기 / 종계는 발효식의 첫 번째 열쇠 / 천연효모는 「만드는」 것이 아니라 「키우는」 것 / 숙성시킬수록 더욱 맛있어지는 천연효모종 / 밀가루와 물만으로도 천연효모종이 만들어지는 이유 / 매뉴얼로 표현할 수 없는 살아 숨 쉬는 자연발효종

🧁 자연발효종 만들기에 대한 궁금증과 답변　　73

원종이 질퍽해지면? / 중중은 언제까지 보존이 가능한가? / 종의 완성을 확인하는 방법은? / 중종이 만들어지는 이유? / 중종이나 사용하던 반죽이 남았을 때? / 어떤 종류의 밀가루를 사용하면 좋은가?

과자와 빵의 5가지 특징

Point.1 발효로 인해 더욱 깊어지는 풍미

반죽을 발효시킴으로써 맛과 향이 증가하여 깊은 향과 풍부한 맛을 냅니다. 베이킹파우더나 소다를 사용하지 않으므로 독특한 냄새나 쓴 맛이 없습니다.

Point.2 효모 스스로의 힘으로 동그랗게 발효

몽실몽실하게 부풀린 과자를 만들고 싶지만 무심코 반죽을 오래하다 보면 부풀어 오르지 않아 당황스러워질 때가 있지요? 하지만 발효의 힘을 빌린다면 초보자라도 몽실몽실하게 부푼 맛있는 과자를 만들 수 있습니다.

Point.3 보관해 둘 수 있는 반죽

반죽의 발효시간은 저마다 조금씩 차이가 있기 때문에 냉장고에서 천천히 발효시킬 수 있습니다. 또한 반죽을 보관해 두고 필요할 때마다 꺼내어 조리할 수 있습니다.

Point.4 건강한 배합

밀가루 반죽을 발효시키면 저절로 단맛이 생겨납니다. 따라서 일반적인 과자보다 당분을 낮추는 건강한 배합이 가능합니다.

Point.5 심플한 천연효모종

밀가루와 물만으로 만드는 천연효모종은 심플하고 맛이 깔끔하기 때문에 어떠한 과자나 빵에도 사용할 수 있습니다.

★ 이 책의 레시피에서는 밀가루와 물만으로 자연발효시킨 천연효모종만을 사용하고 있습니다. 집에서 만든 효모나 시중에서 판매하는 종을 사용하는 경우에는 종종(빵 반죽 상태의 종)으로 만들어 바꾼 후 사용해 주세요(p.8참고).

천연효모 과자와 간식 빵 프로세스

원종 만들기 →p.8

밀가루와 물을 섞어 1개월간 둠(A)
집에서 만든 효모나 시판되는 효모로 반죽 만들기(B)

중종 만들기 →p.9~10

A 또는 B에, 밀가루와 소금을 섞어 1~4일간 두기

반죽 만들어 굽기

1. 중종을 섞어 반죽 만들기 → p.11~12(기본적인 섞기 방법)

↓

2. 1차 발효★

↓

3. 분할, 벤치타임★, 성형

↓

4. 2차 발효★

↓

5. 굽기(튀기기)

★ 반죽의 발효시간이나 횟수는 레시피에 따라 달라집니다.

천연효모종을 집에서 만드는 방법과 사용법

우리들이 살고 있는 생활주변에는 눈에 보이지 않는 여러 가지 종류의 미생물이 살고 있습니다. 밀가루반죽에서 살고 있는 천연효모균도 그 중에 하나입니다.

원종 만들기

1개월 정도 걸려 만드는 빵 반죽 모양의 종을 말합니다. 냉장고에 넣어 발효를 늦춤으로써 신맛을 억제합니다. 정기적으로 밀가루와 물을 보충해 주면 영구적으로 사용할 수 있습니다. 집에서 만든 천연효모나 시중에서 판매하는 효모로 만든 빵 반죽을 원종으로 사용할 수도 있습니다.

재료
- 빵용 밀가루 150g
- 물 75ml 정도

1 밀가루와 물을 볼에 넣고 섞은 후 조금 단단해질 정도로 가볍게 반죽하여 랩을 씌워 30~35℃에서 반나절에서 하루 정도 둡니다. 작은 기포가 생기면 비닐 백에 넣어 냉장고에서 보관합니다. 발효가 잘 안 될 때에는 전립분이나 라이맥분을 조금 넣습니다.

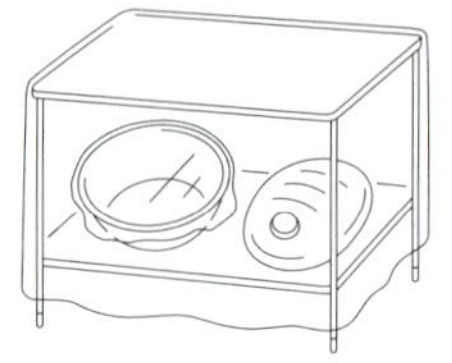

보온 · 보습
발효기나 호이로가 없을 경우 오븐의 발효기능을 사용하거나, 시트를 덮은 스틸선반 등 단열효과가 있는 것에 뜨거운 물주머니나 전기장판을 넣어 열원을 공급해도 좋습니다.

2 4~5일에 한 번 밀가루 150g과 물 75ml를 넣고 종계를 합니다. 이것을 5~6회 반복합니다. 냉장고에서 보관하며 시간을 두고 발효시킵니다(냉동금지). 종계를 지속해도 발효가 안 될 때에는 냉장고에서 꺼내어 8~12시간 정도 상온에 내놓습니다.

3 약 1개월 후, 굽기 전의 빵 반죽처럼 둥글게 부풀고 향긋한 냄새가 나면 완성된 것입니다. 찰기가 강하거나 시큼한 냄새가 나면 미완성이므로 종계를 계속합니다. 완성 후에는 2주일에 한번 정도 종계를 지속합니다.

원종을 그대로 반죽에 넣어도 발효합니다만, 비교적 장시간 보존해 둔 종이기 때문에 발효력이나 숙성 정도를 정확히 파악하기가 어렵습니다. 때문에 발효를 돕고 과자나 빵 반죽을 보다 손쉽게 하기 위해서 중종을 만드는 것입니다. 냉장고에서 1~4일 정도 숙성시켜 사용합니다.

재료
- 원종 50~60g
- 빵용 밀가루 100g
- 소금 1/2 작은술
- 물 60ml

1 종 외의 재료를 모두 볼에 넣고 섞어 가루 덩어리가 없어질 때까지 계속해서 가볍게 반죽합니다.

반죽에 원종을 넣고 표면이 매끌매끌해질 때까지 7~8분 정도 계속해서 반죽합니다. **2**

3 반죽을 둥글게 만들어 비닐 백에 넣고 30℃에서 6시간 또는 상온(20~25℃)에서 12시간 정도 둡니다.

 **4** 반죽에 기포가 생기며 2배 반 정도로 부풀어 오릅니다(사진의 우측).

발효가 완료되는 시점은 밀가루를 묻힌 손가락으로 반죽을 찔렀다 뺐을 때 구멍이 천천히 오므라들 때입니다. 빵 반죽으로 말하자면 1차 발효가 완료된 상태입니다.

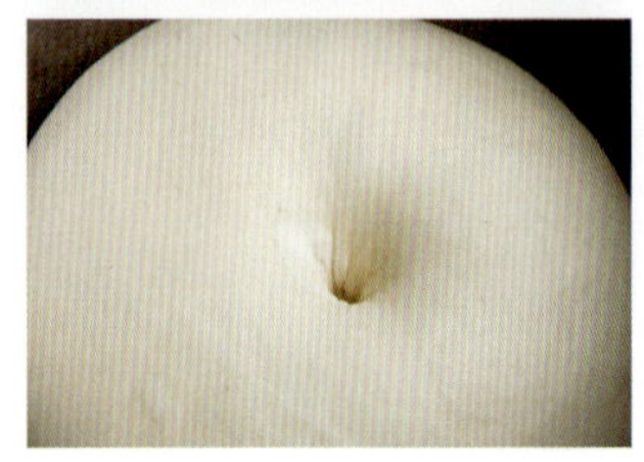

반죽을 골고루 눌러 가스빼기를 한 후 다시 둥글려 비닐 백에 넣는다. **5**

냉장고에서 1~4일 숙성시키면 완성됩니다. 3~4일간 두면 기포가 커지면서 맛과 향이 더욱 좋아집니다(사진의 좌측).

다른 효모로 중종을 만드는 방법

시판되는 드라이이스트나 천연효모로 만든 빵 반죽을 원종으로 하여, 밀가루, 소금, 설탕, 물을 첨가해서 중종을 만드는 방법도 있습니다.

◎**재료** : 빵 반죽 100g, 밀가루 200g, 소금 1작은술, 설탕 1작은술, 물 80ml

◎**만드는 법** : 재료를 10분 정도 반죽해 30℃에서 7시간 또는 상온에서 12시간 정도 두어 발효시킵니다. 그 후 가스를 빼고 냉장고에 넣어 숙성시킵니다.

중종은 빵 반죽과 같이 딱딱한 형태를 하고 있습니다. 과자나 빵 반죽의 특징에 따라 중종 섞는 방법을 달리하면 반죽 만들기가 쉬워집니다.
여기에서는 기본적인 4가지 혼합 방법을 소개합니다.

TYPE 1 묽은 반죽 만들기

달걀이나 우유 등 수분이 많은 재료에 중종을 섞어 액체 상태로 녹입니다. (케이크, 와플, 머핀 등) → 레시피 p.14~21

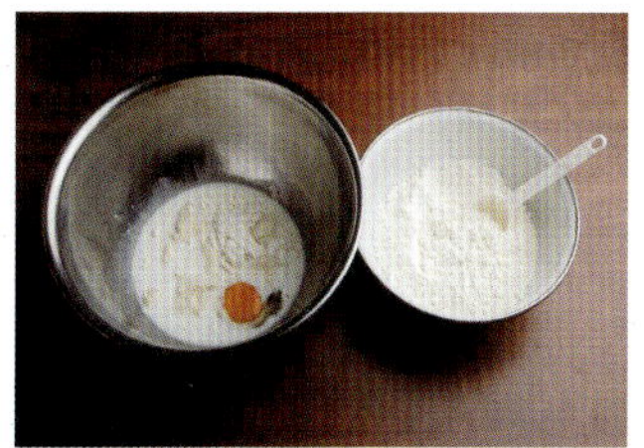

달걀이나 우유 등의 수분에 중종과 밀가루를 넣습니다.

핸드믹서나 고무주걱으로 찰기가 생길 때까지 섞어가며 녹입니다.

TYPE 2 된 반죽 만들기

밀가루와 물 등을 혼합하여 뭉쳐 놓은 반죽에 중종을 섞어 다시 반죽합니다. (카린토, 비스켓, 빵 등) → 레시피 p.22~27, 50~59

혼합한 된 반죽에 중종(우)을 그대로 섞습니다.

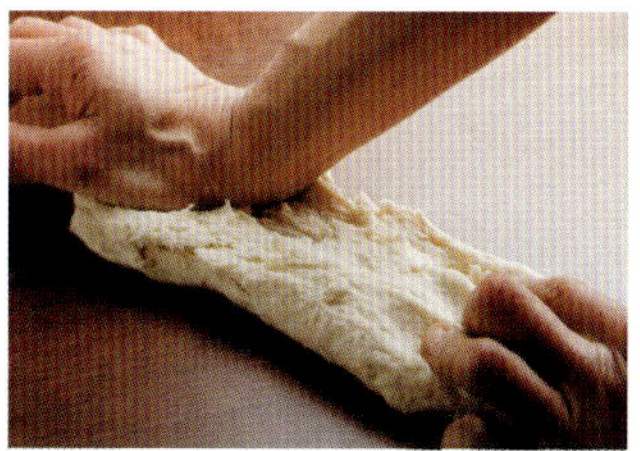

p.9 중종을 만들기 2에서처럼 반죽합니다.

TYPE 3 파이 반죽 만들기

중종을 밀가루, 버터와 함께 소형 믹서에 갈아서 분말상태로 만듭니다. (스콘, 핫비스킷, 감자파이 등) → 레시피 p.28~37

뜯어낸 중종과 밀가루를 소형 믹서에서 10초 정도 돌립니다.

보송보송한 분말상태로 만듭니다.

버터 반죽 만들기

버터와 설탕을 섞은 크리밍 반죽에 중종을 넣습니다.
(파운드케이크, 브라우니, 슈톨렌 등) → 레시피 p.38~48

버터와 설탕을 섞고 달걀물을 조금씩 부어가며 만든 반죽에 뜯어낸 중종을 넣습니다.

핸드믹서나 고무주걱으로 중종을 잘 저어 섞습니다.

이 4가지 혼합 방법의 구분은 엄밀한 의미에서 정확한 것은 아닙니다. 예를 들어, 3의 파이 반죽 만들기에서 가루상태를 다른 레시피에도 사용할 수 있고, 거꾸로 반드시 가루상태여야만 파이 반죽을 만들 수 있는 것은 아닙니다. 다만, 과자 반죽에 중종을 배합하기 쉽게 하기 위한 작업이라고 생각하시기 바랍니다.

이 책을 이용하기에 앞서서

◎**버터** : 무염버터를 사용. 특별한 사용법이 기술되어 있지 않을 경우에는 실온에 두었다가 사용

◎**벤치타임** : 반죽에 마른수건을 덮어 상온(20~25℃)에 두어 반죽을 재워 둘 것

◎**오븐** : 가스오븐을 사용. 전기오븐을 사용하는 경우에는 굽는 시간을 조금 길게 잡아 온도를 높이고 사용하는 기구의 종류에 맞추어 온도를 조절할 것

천연 효모 과자

빵 케이크

가끔은 잠깐 시간을 내어 풍미가 향기로운 발효종 핫케이크를 만들어 보세요.
깊은 맛이 풍부한 메밀 가루 케이크에는 건강식으로도 참 좋습니다.

 플레인 빵 케이크

재료 (직경 10cm 5장)

- 중종 – 75g(잘게 찢은 것)
- 박력분 – 150g
- 소금 – 1/2 작은술
- 설탕 – 1큰술
- 달걀 – 1개
- 우유 – 150ml
- 쇼트닝 – 적당량

1. 모든 재료를 볼에 넣고, 핸드믹서로 전체적으로 끈기가 생길 때까지 수 분간 섞는다.

2. 30℃에서 4~5시간 둔다(1차 발효). 아래의 사진처럼 고무주걱으로 저으면 작은 기포가 반죽 안에 생기는 상태.

3. 기름을 두른 프라이팬을 달군 후 작은 국자 하나 크기의 반죽을 붓는다. 약한 중불로 양면을 굽는다.

 메밀 가루 케이크

재료 (직경 10cm 5장)

- 중종 – 75g
- 메밀가루 – 75g
- 박력분 – 75g
- 소금 – 1/2 작은술
- 설탕 – 1작은술
- 달걀 – 1개
- 물 – 125ml(메밀가루의 흡수 정도에 따라 조절)
- 쇼트닝 – 적당량

만드는 방법은 위의 플레인 빵 케이크와 동일.

★ 보온 · 보습에 관해서는 p.8을 참조.

아메리칸 핫도그

빵 케이크 반죽을 막대 소세지에 말아 기름에 튀겨 내면 스낵 과자로 변신합니다.

 **아메리칸 핫도그**

재료

- 중종 – 75g(잘게 찢은 것)
- 박력분 – 150g
- 소금 – 1/2 작은술
- 설탕 – 1큰술
- 달걀 – 1개
- 우유 – 100ml
- 막대에 끼운 소시지 적당량
- 쇼트닝 – 적당량

1. 플레인 빵 케이크 만드는 법 1과 동일(p.14).

2. 발효된 반죽을 냉장고에서 1시간 이상 재워둔다(6시간까지 OK). 반죽이 식어 팽팽해지면 소시지에 잘 달라붙는다.

3. 소시지에 반죽을 감는다.

4. 중불로 데운 기름에 노릇노릇하게 튀겨낸다. 기호에 따라 토마토소스나 머스타드를 곁들인다.

★ 반죽이 남은 경우, 수저로 떠서 튀기면 꼬마 도넛이 만들어진다. 종이봉투에 설탕, 계피가루, 콩고물 등과 튀겨진 도넛을 넣고 가볍게 흔들면 가루가 도넛에 골고루 잘 묻는다.

와플

반죽을 저온에서 천천히 발효시키면 동그랗게 부풀어 오릅니다. 단맛을 가미하여 과자로 만들거나, 담백한 식사용 빵으로도 좋습니다.

 와플

재료 (직경 8cm 10장)

- 중종 – 100g(잘게 찢은 것)
- 박력분과 강력분을 동일한 양으로 섞은 소맥분(또는 중력분) – 200g
- 소금 – 1작은술
- 설탕 – 1~3큰술
- 달걀 – 1개 + 우유 125ml
- 차가운 버터 – 100g(주사위 크기로 자른 것)

1. 볼에 달걀, 우유, 중종, 소맥분 2큰술을 넣어 핸드믹서로 2~3분간 섞는다.

2. 소형믹서에 남은 소맥분, 소금, 설탕, 버터를 넣고 1분 정도 갈아 바슬바슬한 가루로 만든다.

3. 1과 2를 볼에 넣고 섞은 후, 10회 정도 가볍게 반죽해서 둥글린다. 비닐 백에 넣고 냉장고에서 3~4일간 재운다.

4. 반죽을 꺼내서 10등분 한 후 둥글려 상온에서 30분~1시간쯤 두어 탄력 있게 만든다.

5. 예열된 와플 팬에 양면이 노릇노릇해지도록 굽는다.

★ 달콤한 과자를 만들려면 흑설탕이나 초콜릿을 묻힌다(흑설탕은 p.22, 초콜릿은 p.61를 참조).

머핀 묽은 반죽

천연효모만의 힘으로 부풀어 올라 부드러운 촉감.
설탕과 버터의 양을 줄여서 밀가루 본연의 맛을 한층 돋보이게 합니다.

 ## 블루베리 머핀

재료 (직경 5cm의 머핀 컵 5개)

- 중종 – 75g(잘게 찢은 것)
- 소금 – 1/2 작은술
- 설탕 – 2큰술
- 달걀 – 1개
- 우유 – 75ml
- 박력분 – 150g
- 녹인 버터 – 30~50g(강한 불에 녹인 것)
- 블루베리 – 50g
- 아몬드 슬라이스 – 적당량

1. 볼에 청색 글씨 재료와 박력분 2큰술을 넣고, 핸드믹서로 1~2분간 섞는다. 남은 박력분을 더해 1~2분간 더 섞어 반죽이 매끄러운 리본 모양이 되면 녹인 버터를 넣고 균일하게 섞는다.
2. 30℃에서 4~5시간 또는 상온에 7~8시간 둔 후(1차 발효), 반죽 전체를 고무주걱으로 섞어 가며 가스를 뺀다.
3. 블루베리를 2에 섞어, 컵의 6할까지 넣고 35℃에서 1시간 반 정도 놓아 둔다(2차 발효). 컵의 9할까지 부풀어 오르는 것이 기준.
4. 아몬드 슬라이스로 장식하여 170℃의 오븐에서 20분간 굽는다.

★ 2의 1차 발효 후, 반죽을 하룻밤 정도 냉장고에서 숙성시키면 풍미가 깊어지고 촉촉하게 구워진다. 재워둔 반죽은 다소 단단해지므로 상온에 1시간 정도 놓아 두어 부드럽게 한 후 사용한다.

★ 3에 넣을 과일은 수분이 적은 것을 선택한다. 냉동 블루베리나 라즈베리는 그대로 사용한다. 마른과일의 경우 양주에 재워 부드럽게 만든 후 사용한다.

 ## 부식재료를 넣은 머핀

재료 (직경 5cm의 머핀 컵 5개)

- 중종 – 75g(잘게 찢은 것)
- 소금 – 1/2 작은술
- 설탕 – 2큰술
- 우유 – 1큰술
- 달걀 – 1개 + 물 150ml
- 박력분 – 150g
- 녹인 버터 – 15g
- 기호에 따른 토핑(햄, 베이컨, 찐 계란 자른 것, 치즈, 파슬리, 마요네즈 등) – 적당량

1. 블루베리 머핀 만드는 법 1과 동일.
2. 30℃에서 4시간 정도 둔다(1차 발효). 블루베리 머핀보다 설탕과 버터를 줄인 만큼 1차 발효시간이 짧다. 반죽을 고무주걱으로 섞어가며 가스를 뺀다.
3. 컵의 6할까지 담아서 35℃에서 1시간 정도 둔다(2차 발효).
4. 기호에 따라 재료를 토핑하고 170℃의 오븐에서 20분간 굽는다.

카린토

반죽의 발효시간을 짧게 하면 딱딱하고, 길게 하면 바삭바삭한 촉감의 과자가 됩니다.
옛날과자를 추억하며, 기호에 따라 다양하게 만들 수 있습니다.

카린토

재료

- 중종 – 75g
- 박력분과 준강력분을 같은 양으로 섞은 밀가루 (또는 중력분) – 150g
- 소금 – 1/2 작은술
- 설탕 – 1큰술
- 달걀 – 1개 + 물 75ml
- 식물성기름 – 1작은술
- 튀김기름 – 적당량

[흑설탕 맛]

- 흑설탕 – 70g(다진 것)
- 물 – 2큰술

[간장 맛]

- 설탕 – 70g
- 간장 – 1큰술
- 흰 깨 – 적당량
- 맛술 – 1큰술

1. 볼에 모든 재료를 넣고 섞은 후 꺼내어 10분간 반죽한다.
2. 둥글린 반죽을 볼에 넣고, 30℃에서 4시간 둔다 (1차 발효).
3. 반죽을 꺼내 밀대로 평평하게 밀어 1시간 동안 놓아 둔다.
4. 반죽을 폭 5cm, 길이 5cm의 일정한 크기로 자른다.

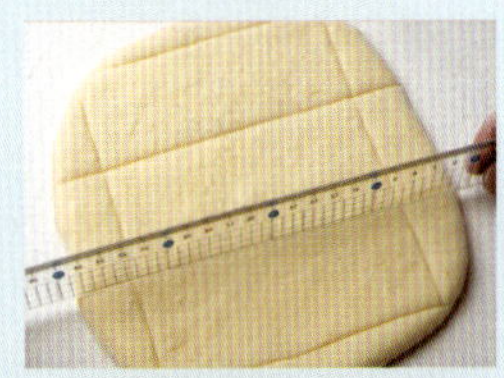

5. 철판에 천을 깔고 밀가루를 뿌린 후 간격을 두고 배열하여 30℃에서 30분~1시간 정도 놓아 둔다(2차 발효).

6. 저온에 가까운 중온의 기름에서 노릇노릇한 갈색이 될 때까지 튀긴다. 한 번 더 튀겨내면 훨씬 더 고소해진다. 120~130℃의 오븐에서 구우면 기름기가 빠져 맛이 깔끔해진다.
7. 튀김 냄비에 과자 옷으로 사용할 재료를 넣고끓이다가 기포가 커지면 튀겨낸 카린토를 넣고 섞어 과자 옷을 골고루 입힌다.
   서로 달라붙지 않도록 망 위에 펼쳐서 식힌다.

★ 4의 2차 발효시간이 짧으면 기포가 작아져서 단단하게 구워지고, 길면 기포가 커져서 부드러운 식감의 과자가 된다.

비스킷

중종도 밀가루도 버터도 다 한 번에 섞어서 OK.
반죽을 길게 재워둘수록 더욱 바삭바삭한 식감의 과자가 됩니다.

배아를 넣은 전립분으로 만든 초콜릿 비스킷

재료 (직경 6cm 17장)

- 중종 – 75g(잘게 찢은 것)
- 박력분 – 75g
- 전립분 – 75g
- 소맥배아 – 1작은술
- 소금 – 1작은술 약하게
- 설탕 – 50g
- 차가운 버터 – 100g(주사위 크기로 자른 것)
- 달걀 – 1개 + 우유 또는 우유만 75ml
- 밀크 초콜릿 – 200g

1. 믹서에 청색 글씨 재료를 넣고 1분 정도 돌리다가 버터를 넣고 다시 1분 정도 돌려 보슬보슬한 분말상태로 만든다.
2. 1을 볼에 넣고 우유를 섞어 가볍게 반죽한다.
3. 반죽을 비닐 백에 넣고, 냉장고에서 1일 이상 재운다(4일까지 OK).
4. 밀가루를 뿌려둔 판에 반죽을 올려 5mm 두께로 밀대로 편다. 틀에 반죽을 붓고 꼬치로 공기구멍을 낸 후 30분~1시간 놓아 둔다.

5. 180~170℃의 오븐에서 20분간 굽는다.
6. 식으면 템파링한 초콜릿을 안쪽에 바른 후 말린다(템파링 만드는 방법은 p.61참조).

★ 4의 2차 발효시간이 짧으면 기포가 작아져서 단단하게 구워지고, 길면 기포가 커져서 부드러운 식감의 과자가 된다.

건포도크림 샌드

재료 (직경 6cm 20개)

- 중종 – 75g(잘게 찢은 것)
- 박력분 – 150g
- 소금 – 조금
- 설탕 – 75g
- 차가운 버터 – 75g(주사위크기로 자른 것)
- 달걀노른자 – 1개 + 우유 75ml
- 바닐라 에센스 – 조금
- 샤워크림 – 150g
- 건포도 – 적당량

1. 위의 전립분 비스킷 만드는 방법 1과 동일.
2. 1을 볼에 넣고, 달걀노른자와 우유, 바닐라 에센스를 섞어 가볍게 반죽한다.
3~5. 전립분 비스킷 만드는 방법 3~5와 동일.
6. 식으면 비스킷 1장의 안쪽에 샤워크림을 1큰술 바르고, 건포도를 몇 개 올린 후 다른 1장을 얹어 놓아 포개어 덮는다.

크래커

반죽이 조금 되도 실패없이 바삭바삭하게 구워지는 크래커.
여러 가지 향을 첨가하면 와인이나 맥주와도 잘 어울리는 가벼운 술안주가 됩니다.

프레인 크래커

재료

- 중종 – 100g
- 박력분(또는 중력분) – 200g
- 소금 – 1작은술
- 설탕 – 2작은술
- 차가운 버터 – 30g (주사위 크기로 자른 것)
- 물 – 80ml

1. 믹서에 청색 글씨 재료를 넣고, 1분 정도 갈아 보슬보슬한 가루로 만든다.
2. 볼에 1을 넣고 물을 섞어 가볍게 반죽한다.
3. 2와 중종을 넣고 5~10분간 반죽하여 균일하게 섞는다.
4. 둥글려서 볼에 넣고 30℃에서 4~5시간 둔다(1차 발효).

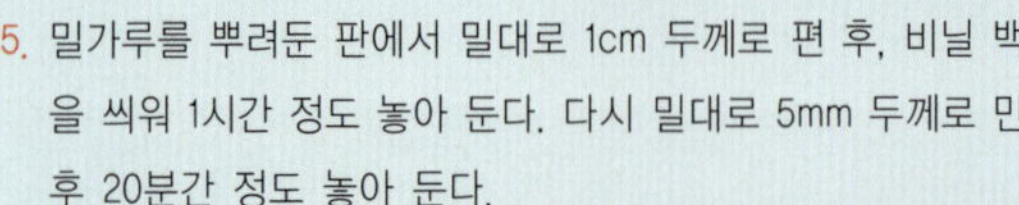

5. 밀가루를 뿌려둔 판에서 밀대로 1cm 두께로 편 후, 비닐 백을 씌워 1시간 정도 놓아 둔다. 다시 밀대로 5mm 두께로 민 후 20분간 정도 놓아 둔다.
6. 반죽을 5x5cm 크기의 사각형으로 자른다. 모양 틀을 사용해도 좋다. 오븐 팬에서 35℃에서 1시간 둔다(2차 발효).

7. 포크로 공기구멍을 내고 180℃의 오븐에서 10분간 구운 후 온도를 160℃로 내려 다시 10분간 굽는다.

청야채 크래커

재료

- 중종 – 100g
- 박력분(또는 중력분) – 200g
- 소금 – 1작은술
- 설탕 – 2작은술
- 차가운 버터 – 30g(주사위 크기로 자른 것)
- 소금물에 데친 청야채 – 90~140g

1. 청야채의 물기를 빼고 믹서에 갈아 가늘게 만든다.
2. 청색 글씨 재료를 믹서에 1분 정도 돌린다. 볼에 옮겨 1을 넣고 가볍게 반죽한 후 한 덩어리로 만든다. 반죽이 딱딱한 경우에는 물이나 청야채를 적당량 더 넣는다.
3. 플레인 크래커 만들기 방법 3~7과 동일

★ 청경채나 시금치와 같은 부드러운 야채이파리보다 샐러리, 브로콜리, 무청, 양배추처럼 단단한 이파리가 식감이 좋아서 의외로 더 맛있게 만들어진다.

치즈 크래커

재료

- 중종 – 50g
- 박력분(또는 중력분) – 50g
- 콘스타치 – 100g
- 소금 – 조금
- 설탕 – 1작은술
- 얇게 저민 치즈 – 180g
- 올리브오일 – 1큰술
- 차가운 버터 – 50g (주사위 크기로 자른 것)
- 육수(또는 물) – 50ml

1. 청색 글씨 재료를 믹서에서 1분 정도 간 후, 분홍색 글씨 재료를 더해 다시 1분간 간다.
2. 볼에 1을 넣고 육수를 부어 가볍게 섞는다.
3. 2를 꺼내 중종을 넣고 5~10분간 반죽한다.
4. 재료를 둥글려 볼에 넣고 상온에서 5~6시간, 또는 30℃에서 30분간 둔다(1차 발효. 기름기가 많으므로 고온에 두지 말 것). 발효된 반죽을 비닐 백에 넣어 냉장고에서 1시간 이상 재운다(24시간까지 OK).
5. 밀가루를 뿌려둔 판에 4를 놓고 차가운 상태에서 5x5cm로 자른다. 오븐 팬에 올린 후 1시간 정도 놓아 둔다.
6. 180℃의 오븐에서 5분, 160℃에서 10~15분간 굽는다(타기 쉬우므로 후반에는 저온에서 굽는다).

스콘 파이 반죽

버터는 개지 않고 종과 함께 보슬보슬한 가루로 만듭니다.
깔끔하고 담백한 맛이 특징입니다.

프레인 스콘

재료

- 중종 – 75g(잘게 찢은 것)
- 박력분 – 150g
- 소금 – 1/2작은술
- 설탕 – 1~3큰술(기호에 따라 양 조절)
- 차가운 버터 – 50g(주사위 크기로 자른 것)
- 우유 – 75ml

1. 믹서에 청색 글씨 재료를 넣고 1분 정도 갈아 가루상태로 만들고, 버터를 넣고 다시 1분 정도 갈아 보슬보슬하게 한다.
2. 볼에 1을 넣고 우유를 섞어 반죽한다.
3. 밀가루를 뿌려둔 판에 반죽을 꺼내 밀대를 이용해 2~3cm의 두께로 민 후 3겹으로 접는다. 밀대는 손으로 치대는 것과 같은 효과를 갖는다.

4. 찰기가 생기면 반죽을 둥글려 비닐 팩에 넣고 냉장고에서 2시간 이상 재운다(4일까지 OK).
5. 밀가루를 뿌려둔 판에 반죽을 꺼내 2~3cm의 두께로 밀어 부채꼴 모양으로 자른다.

6. 오븐 팬에 배열한 후 170℃에서 25분간 굽는다.

★ 2에서 기호에 따라 건포도나 초코칩, 오렌지필 등을 넣는다.

★ 5에서 30℃에 반죽을 1~2시간 두면(2차 발효), 빵처럼 동그랗게 부풀어 오른다.

호밀과 전립분 스콘

재료

- 중종 – 75g(잘게 찢은 것)
- 호밀 – 25g
- 전립분 – 25g
- 박력분 – 100g
- 소금 – 1작은술
- 설탕 – 1작은술
- 차가운 버터 – 50g(주사위 크기로 자른 것)
- 우유 – 125ml 정도

만드는 방법은 프레인 스콘과 동일.

★ 호밀이나 전립분은 흡수율이 높으므로 우유의 양을 조금 넉넉하게 넣어가며 조절한다.

★ 호밀이나 전립분 반죽은 조금 무거운 식감을 주므로 6의 단계에서 반드시 2차 발효를 갖는다(가능하면 30℃에서 2시간).

핫 비스킷

중종과 밀가루, 버터를 믹서에 갈아서 반죽에 간단히 섞으면 되는 손쉬운 파이입니다.

핫 비스킷

재료

- 중종 – 100g
- 박력분 – 100g
- 강력분 – 100g
- 소금 – 1작은술
- 버터 – 100g
- 차가운 우유 – 120ml(달걀노른자를 섞은 것, 또는 물만으로도 가능)

1. 믹서에 청색 글씨 재료를 넣고 1분 정도 갈아서 가루상태로 만든다. 버터를 넣고 다시 1분 정도 갈아 보슬보슬하게 만든다.
2. 볼에 1을 넣고 우유를 부어 둥글린다(반죽할 필요 없음).
3. 재료를 비닐 백에 넣고 냉장고에서 1일 이상 재운다(4일까지 OK).
4. 밀가루를 뿌려 둔 판에 반죽을 꺼내 2~3cm두께로 밀어 3겹으로 3회 접은 것을 1cm 두께로 편다.
5. 비닐 백을 덮어 상온에서 2시간 이상 둔다(2차 발효. 6시간까지 OK).
6. 비스킷 모양으로 만들어 오븐 팬에 올린 후 180~190℃에서 15분간 굽는다.

★ 식으면 살짝 데워서 식사용 빵으로도 먹어도 좋다.

컵 파이

스튜를 컵에 넣고 만들어 둔 파이 반죽을 살짝 덮으면 맛있고 따끈한 핫 파이가 됩니다.

 **컵 파이**

재료 (직경 8cm 컵 4개)

- 핫 비스킷 반죽 – 왼쪽 페이지와 동일
- 화이트 소스 – 250g
- 스튜 – 적당량

1. 화이트소스와 버섯, 양파 등을 넣어 만든 스튜를 컵에 7~8할 넣는다.
2. 핫 비스킷 반죽을 5mm의 두께로 밀어, 10cm의 원 모양 4장을 만든다.
3. 1에 2의 반죽을 덮어 냉장고에서 1시간 정도 둔다.
4. 190~200℃의 오븐에서 15~18분간 굽는다.

접는 파이 반죽 만드는 방법

일반적으로 접는 파이 반죽은 냉장고에서 오래 보존할수록 충과 층 사이가 부풀지 않아 무거운 식감으로 구워집니다. 그런데, 오래 보관해도 잘 부풀 수 있도록 반죽에 중종을 조금 넣어주면, 시간이 지날수록 발효가 진행되어 오래된 반죽이라도 동그랗고 먹음직스럽게 부풀어 오릅니다. 넉넉히 만들어 두어도 상관없으므로 조금 많은 양을 만들어 두고 사용하세요.

재료 (완성 약 360g)

- 중종 – 30g(잘게 찢은 것)
- 박력분 – 75g
- 강력분 – 75g
- 소금 – 1작은술
- 냉수 – 75ml
- 녹인 버터 – 15g
- 안에 넣을 버터 – 90g

1 믹서에 강력분과 중종을 넣고 1분 정도 갈아 분말상태로 만든다.

2 볼에 1과 강력분, 소금을 넣어 가볍게 섞은 후 중앙을 파고 물과 녹인 버터를 조심스럽게 넣는다. 밀가루 벽을 허물듯이 잘 섞은 후 가볍게 반죽하여 동그랗게 뭉친다.

3 반죽을 판에 꺼내 가볍게 주물러 둥글린 후 열십자 모양으로 칼집을 낸다.

4 칼집 부분을 사방으로 펼친 후 비닐 백에 넣어 냉장고에서 수 시간~하룻밤 정도 재운다. 밀가루를 뿌려 둔 판에 반죽을 올린 후 15분간 정도 놓아 두고 다시 5~6mm 두께로 늘린다.

5 버터에 밀가루를 뿌려 밀대로 두드려 부드럽게 한 후, 7~8mm 두께의 네모 모양으로 늘린다.

4의 반죽 중앙에 5의 버터를 놓는다. 6

7 반죽의 사각끝부분을 중앙으로 모아 버터를 반죽으로 감싼다.

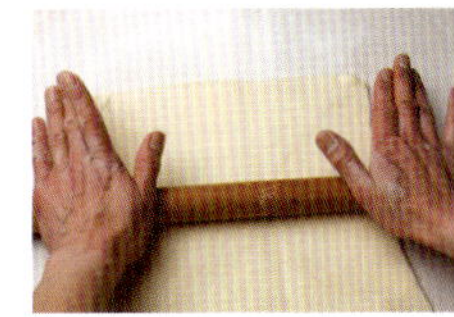

반죽에 밀가루를 뿌린 후 밀대로 1~6mm 두께로 민다. 밀대는 손끝이 아닌 손바닥으로 미는 것이 포인트. 8

9 반죽의 상하를 중심을 향해 반 씩 접고 다시 중앙으로 접어 4겹 접기를 한다.

15분 정도 놓아 둔 후 반죽을 늘려, 3등분이 되도록 반죽을 접어 3겹 접기를 한다. 10

11 반죽을 천에 싸서 비닐 백에 넣어 냉장고에서 1시간 정도 재운 다음, 4겹 접기와 3겹 접기를(9~10) 반복한 후 다시 천에 싸서 비닐 백에 넣고 반 나절 이상 냉장고에서 재운다(5일까지 OK).

★ 4와 11에서 글루텐의 탄력이 다 빠질 때까지 확실하게 반죽하는 것이 중요하다. 탄력이 남아 있으면 밀대로 밀어도 반죽이 오그라들고 안 펴진다.

파르미에

예쁜 하트 모양의 심플한 과자입니다.
발효 반죽과 버터를 정성스럽게 넣어 파이 반죽을 만듭니다.

 **파르미에**

재료

- 접은 파이 반죽(p.30~31참
  조) – 적당량
- 굵은 설탕 – 적당량

1. 파이 재료를 5mm의 두께로 펴서 20cm의 사각형
   으로 자른다.
2. 반죽에 자를 대고 옆으로 4등분할 선을 긋는다.
3. 반죽 표면에 설탕을 골고
   루 뿌린다. 양끝을 4등분할
   선까지 접어 다시 중앙선에
   맞추어 접고 한 번 더 중앙
   선 방향으로 접는다.

4. 반죽을 천에 싸서 비닐 백에 넣고 냉장고에서 1시
   간 이상 반죽이 굳을 때까지 식힌다.
5. 반죽을 꺼내 1cml 두께로 잘라 오븐 팬에 종이를
   깔고 조금 넓은 간격으로 배열한다.
6. 180~190℃에서 15분간 굽는다. 5~6분 정도 지나
   면 꺼내 하트모양을 만든 후 다시 오븐에 넣는다.

감자 파이

만들어 둔 파이 반죽을 밀대로 가볍게 펴서 속 재료를 넣고 감쌉니다.
저온에서 충분히 발효시킨 중종을 이용하면 실패없이 동그랗게 부풀어 오릅니다.

감자 파이

재료

- 만들어 둔 파이 반죽 (p.30~31참조) 적당량
- 매시드포테이토 – 적당량

1. 감자를 삶아 으깬 후 소금, 후추, 버터를 조금씩 넣고 섞어서 매시드포테이토를 만들어 둔다. 기호에 따라 볶은 고기, 저민 베이컨, 양파나 당근, 파슬리 등을 넣는다.
2. 파이 반죽을 2mm두께로 밀어 12cm의 4각형으로 자른다.
3. 20분 정도 놓아 둔 후 밀대를 이용해 2mm로 편다.
4. 반죽의 중앙에 만들어 둔 속 재료를 1큰술 올리고 3각형이 되도록 반으로 접어 가장자리를 포크 끝으로 눌러가며 단단히 붙인다.
5. 상온에서 2시간 이상 놓아 두어 마지막 발효를 시킨다(6시간까지 OK).
6. 180~190℃의 오븐에서 15분 정도 굽는다.

페이스트리 파이 반죽

천연발효 반죽을 하룻밤 재운 후 다음날 만드는 층층겹겹의 모양이 예쁜 크로와상입니다.

 **페이스트리**

재료

- 중종 – 150g(반드시 종계를 막 마친 것)
- 준강력분 – 300g(강력분 200g + 박력분 100g도 OK)
- 소금 – 2작은술
- 설탕 – 3큰술
- 분유 – 1큰술
- 달걀 1개 + 물 – 175ml
- 버터 – 30g(섞을 용도)
- 속안에 넣을 버터 150g 전후(100~300g 사이)

1. 버터 외의 재료를 볼에 넣고 한 덩어리로 뭉쳐 4~5분 반죽한다. 버터를 넣고 골고루 섞이도록 다시 반죽한다(버터가 녹지 않도록 주의).

2. 둥글려 비닐 백에 넣고, 냉장고에서 12~24시간 재운다.

3~8. p.32~33의 접는 파이 반죽 만드는 방법 3~8과 동일.

9. 반죽을 3겹으로 접어 늘리는 것을 3회 반복한다. 3회째에 들어가기 전에 30분~1시간 정도 놓아 둔다. 반죽을 천에 싸서 비닐 백에 넣고 냉장고에서 재운다.

10. 반죽을 2~3 두께의 얇은 띠 모양으로 늘려, 2등변 삼각형 모양으로 자른다. 밑 부분의 중앙에 1cm 정도의 칼집을 낸 후 꼭짓점 부분까지 접어 올린다.

11. 상온에서 15~16시간 정도 놓아 둔다(30℃ 이상이 되지 않도록 주의).

12. 반죽의 찬기가 없어지면 실온(22~23℃)에 적응하면, 180~190℃에서 14~15분간 굽는다. 겨울에 반죽이 차갑게 굳어버리면 보온한 후 굽는다.

★ 9에서 접기의 2회와 3회 사이에 반죽을 충분히 재워 두는 것이 포인트.

파운드케이크

혹시 깜빡하고 반죽을 오래하더라도 볼륨감 있게 구워집니다.
4~5일 정도 놓아 두면, 더욱 더 향기가 깊어지고 풍미가 좋아집니다.

파운드케이크

재료 (18cm의 파운드모양 2개)

- 중종 – 100g(잘게 찢은 것)
- 박력분 – 225g
- 소금 – 1/2작은술
- 설탕 – 200g
- 버터 – 225g
- 푼 달걀 – 4개분
- 술에 재운 말린 과일 또는
  견과류 – 225g

1. 볼에 청색 글씨 재료를 넣고 나무주걱으로 섞는다. 풀어둔 달걀을 조금씩 넣어가며 핸드믹서로 골고루 섞는다.
2. 1에 중종과 박력분을 2큰술 넣고 다시 섞어, 크리밍 반죽에 중종을 녹인다.
3. 말린 과일에 밀가루 2큰술을 발라둔다.
4. 2에 남은 밀가루를 넣고 3과 견과류를 마저 넣은 후 고무주걱으로 잘 섞는다.

5. 종이를 깐 틀에 4의 반죽을 2등분해서 넣고 호두를 뿌린다.
6. 160~170℃의 오븐에서 55분간 굽는다.

★ 발효종을 넣지 않은 반죽의 경우에는 5와 6 사이에 시간을 두면 반죽이 오그라들어 사용할 수 없지만, 중종을 넣은 반죽은 다음날까지 그대로 두어도 괜찮다(따뜻한 계절에는 냉장고에 넣어 발효 과다를 예방할 것). 한 번에 모두 구울 수 없을 때 냉장고에 넣어 보관하면 편리하다.

레몬케이크

귤, 레몬, 유자의 상큼한 향에 발효의 풍미가 더해진 맛.
화이트초콜릿으로 장식하면 나들이용 케이크로도 전혀 손색이 없습니다.

 **레몬케이크**

재료 (직경 18cm의 둥근 모양 1개)

- 중종 – 100g(잘게 찢은 것)
- 박력분 – 150g
- 소금 – 1/2작은술
- 설탕 – 150g
- 버터 – 150g
- 바닐라 에센스 – 조금
- 레몬껍질 즙(또는 저민 것)
  – 1개분
- 푼 달걀 – 3개분

[장식]

- 화이트초콜릿 – 250g
- 레몬 즙 – 1개분
- 럼주 – 1큰술

1. 볼에 청색 글씨 재료를 넣고 나무주걱으로 섞는다. 풀어 둔 달걀을 조금씩 넣어가며 핸드믹서로 골고루 섞는다.
2. 중종과 박력분 2큰술을 1에 넣고 다시 섞어, 크리밍 반죽에 중종을 녹인다.
3. 2에 남은 박력분을 넣고 고무주걱으로 골고루 섞어가며 반죽을 매끈하게 만든다.
4. 종이를 깐 틀에 3의 반죽을 붓는다.
5. 160~170℃의 오븐에서 55분간 굽는다.
6. 다 구워지면 틀에서 꺼내 망에서 식힌 후, 붓으로 레몬즙과 럼주를 섞은 것을 전체에 바른다(템퍼링 화이트초콜릿을 발라 말린다. 템퍼링에 대해서는 p.61 참조). 기호에 따라 초콜릿이 마르기 전에 잘게 썬 피스타치오나 아르장 등으로 장식한다.

브라우니

중종을 넣으면 바삭하고 가벼운 촉감으로 구워집니다. 고소한 호두를 넣은 초콜릿과자입니다.

 **브라우니**

재료 (15cm의 사각형 파이렉스 1개)

- 중종 – 50g(잘게 찢은 것)
- 박력분 – 100g
- 버터 – 100g
- 소금 – 조금
- 설탕 – 100g
- 달걀 – 2개(100g)
- 초콜릿 – 100g
- 호두 – 50g
- 럼주 – 1큰술

1. (준비) 초콜릿은 얇게 저며 볼에 넣고 60℃의 물에서 녹인다. 초콜릿이 녹으면 물에서 꺼내 실온에서 식힌다. 달걀은 풀어서 실온에 둔다. 호두는 160℃의 오븐에서 10분간 구워 잘게 썰어둔다.

2. 다른 볼에 버터, 소금, 설탕, 럼주를 넣고 나무주걱으로 섞어가며 버터와 설탕을 넣는다.

3. 2에 1의 초콜릿을 넣고 섞은 후 중종을 넣는다. 핸드믹서로 골고루 섞고 가며 풀어둔 달걀을 조금씩 섞는다.

4. 밀가루를 체에 쳐서 넣고 호두(장식용을 제외한)를 더해 고무주걱으로 섞는다.

5. 기름(분량 외)을 바른 틀에 4의 반죽을 붓는다(바닥이 없는 틀이나 일반적인 케이크 틀을 사용할 경우에는 반죽이 흘러나오지 않도록 오븐 종이를 깐다).

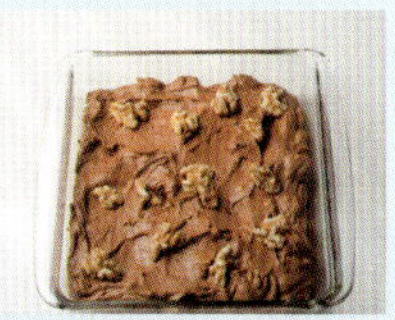

6. 170℃의 오븐에서 45분간 굽는다.

바스크

바스크 지방의 소박한 과자입니다. 반죽을 바로 굽는 것 보다 시원한 장소에서 하룻밤 재운 후 구우면 더욱 깊은 맛을 냅니다.

바스크

재료 (18cm의 둥근 틀 1개)

- 박력분 – 180g
- 중종 – 90g(잘게 찢은 것)
- 버터 – 150g
- 설탕 – 150g
- 소금 – 1/2작은술
- 푼 달걀 – 2개분
- 아몬드 파우다 – 90g
- 레몬껍질 즙 – 1개분
- 체리 등 기호에 따른 과일 – 적당량

(카스타드 크림)

- 우유 – 100ml
- 설탕 – 2큰술
- 달걀노른자 – 2개
- 버터 – 10g
- 박력분 – 1큰술
- 바닐라 에센스 – 조금
- 럼주 – 1작은술

1. (준비) 카스타드 크림을 만들어 둔다(만드는 방법은 p.60참조).
2. 볼에 청색 글씨 재료를 넣고 핸드믹서로 잘 섞는다.
3. 풀어둔 달걀을 2에 조금씩 넣어가며 다시 잘 섞는다.
4. 중종을 넣고, 분홍색 글씨 재료를 더해 섞는다.
5. 박력분을 넣고 비닐 백을 덮어 시원한 장소에서 하룻밤 재운다.
6. 짜주머니에 5를 채워 넣는다. 틀에 기름(분량 외)을 발라 반죽의 1/2분량을 넣은 후 짜주머니를 가운데부터 바깥쪽으로 소용돌이를 그리듯이 돌려 짠다. 이때, 가장자리는 조금 높게 만드는 것이 좋다. 짜주머니가 없을 때에는 반죽의 1/2분량을 고무주걱을 사용해 틀에 넣은 후 소형 체로 가볍게 가루를 뿌려가며 손가락으로 같은 두께가 되도록 평평히 펴서 채운다.
7. 6의 윗부분에 카스타드 크림을 올린다. 단, 틀의 바깥쪽 1cm를 비워둔다. 체리를 뿌리고 남는 반죽을 골고루 덮는다.

8. 붓으로 물에 푼 달걀(분량 외)을 표면에 바르고 포크로 격자(바스크의 십자 모양) 모양을 그려 넣는다. 노릇노릇한 갈색으로 굽고 싶다면 커피를 조금 탄 물에 달걀을 푼다.

9. 170℃의 오븐에서 45분간 굽는다.

슈톨렌 버터 반죽

숨겨진 맛에 콩된장과 유자가 들어간, 달콤한 설탕 옷을 입은 케이크.
콩과 소금으로만 만든 콩된장이 맛과 향의 깊이를 더합니다.

슈톨렌

재료 (18cm의 파운드 틀 2개)

- 중종 – 100g
- 콩된장 – 20g
- 밀가루(가능한 강력분) – 200g
- 설탕 – 70g
- 버터 – 150g
- 분유 – 2큰술
- 아몬드 가루 – 30g
- 바닐라 에센스 – 조금
- 푼 달걀 – 1.5개분(75ml)
- 유자 잰 것, 건포도, 호두 등
  과일이나 견과류 – 100g

1. 볼에 버터와 설탕을 넣고 핸드믹서로 흰 색이 될 때까지 섞는다. 콩된장과 청색 글씨 재료를 섞고 달걀을 조금씩 넣어가며 조심스럽게 섞는다. 매끈하게 되도록 잘 섞어주는 것이 포인트.

2. 1에 중종과 소맥분을 넣고 끈기가 생길 때까지 5~6분간 섞은 후 과일이나 견과류를 넣고 다시 섞는다. 반죽의 버터가 녹지 않도록 나무주걱을 이용하면 좋다.

3. 볼에 비닐 백을 덮어 상온에서 12~24시간 둔다(1차 발효. 15℃ 이하의 장소에서는 48시간까지 OK).

4. 3을 2등분하고 밀가루를 뿌린 후 판에 카드와 같은 얇은 도구를 사용해 반죽을 퍼내 반죽전체에도 밀가루를 뿌려 동그랗게 만 후 손바닥으로 눌러 반으로 접는다. 파운드 틀에 기름(분량 외)을 바르고 반죽을 붓는다. 비닐 백을 덮어 1시간 정도 놓아 둔다(2차 발효).

5. 170℃의 오븐에서 1시간 굽는다. 타기 쉬우므로 틀 위에 철판이나 3겹 정도의 알루미늄 호일을 씌운다.

6. 5가 식으면 녹인 버터(분량 외)를 발라 비닐 백에 가루설탕과 함께 넣고 골고루 묻힌다. 1~2일 후에 다시 한 번 가루설탕을 전체에 묻히면 완성. 건조하면 딱딱해지므로 2중으로 된 비닐 백이나 밀봉용기에 넣어 보관한다.

시골 쿠키

슈톨렌 반죽은 평소에 즐기는 과자 만들기에도 사용됩니다.
소박한 느낌의 도톰한 쿠키입니다.

시골 쿠키

재료 (직경 5cm 갈렛트 틀 25개)

• 슈톨렌과 같음. 단, [콩된장 20g]을 [소금 1작은술]로 바꾼다.

1~3. 슈톨렌 만드는 방법 1~3과 동일.

4. 갈렛트 틀의 안쪽에 기름을 발라, 3의 반죽을 큰 수 저하나 정도로 채운다.

5. 실온에서 1시간 둔다.

6. 160℃의 오븐에서 30분간 굽는다. 식으면 비닐 백 에 가루설탕과 함께 넣고 흔들어 설탕가루를 골고 루 묻힌다.

천연효모 간식 빵

토마토치즈 빵

토마토는 대부분이 수분이기 때문에 반죽과 섞을 때 수분조절이 쉽습니다.
계절토마토를 삶아서 듬뿍 사용해 보세요.

토마토치즈 빵

재료

- 중종 – 150g
- 강력분 – 300g
- 소금 – 2작은술
- 설탕 – 1큰술
- 토마토 – 400g
- 버터 – 30g
- 슬라이스 치즈(녹는 타입) – 10장
- 향신료나 허브 – 적당량

1. 토마토는 살짝 데쳐서 껍질 벗기고 꼭지를 따서 냄비에 넣어 200ml가 될 때까지 끓여서 식힌다.
2. 청색 글씨 재료를 섞어 하나로 뭉쳐 10분 정도 반죽한다.
3. 버터를 넣고 매끈해 질 때 까지 15분 정도 반죽한다.
4. 반죽을 둥글려 볼에 넣고, 비닐 백을 씌운다. 30℃에서 5시간 정도 둔다(1차 발효).
5. 10등분해서 둥글린다. 벤치타임을 10분 두고 다시 둥글게 말아 오븐 팬에 놓는다.
6. 5를 38℃, 습도 75%에서 1시간 반 둔다(2차 발효).
7. 반죽 위에 바질이나 오레가노와 같은 허브나 향신료를 뿌리고 슬라이스 치즈를 덮는다. 180℃의 오븐에서 12~15분간 굽는다.

★ 보온 · 보습에 대해서는 p.6을 참조

옥수수로 만든 꼬마 빵

자연의 달콤함이 배어 있는 빵입니다. 옥수수는 종류에 따라 조금씩 수분양이 다르기 때문에 물의 양을 조절하며 반죽의 상태를 체크해 주세요.

옥수수로 만든 꼬마 빵

재료 (직경 5cm 갈렛트 틀 25개)

- 중종 – 150g
- 강력분 – 300g
- 소금 – 2작은술
- 설탕 – 2큰술
- 분유 – 1큰술
- 찐 옥수수 – 200g
- 물 – 100~125ml
- 버터 – 30g

1. 옥수수를 믹서에 넣고 낱알이 조금 남을 정도로 갈아 둔다.
2. 버터 외의 재료를 섞어 하나로 뭉친다. 물은 전부 넣지 말고 반죽이 조금 단단한 감이 들 정도로 조절하며 붓는다. 반죽하는 동안 적당히 질어진다.
3. 10분 정도 반죽한 후 버터를 넣고 다시 매끈매끈해질 때까지 15분 정도 반죽한다.
4. 둥글게 뭉친 재료를 볼에 넣고 비닐 백을 씌워 30℃에서 5시간 정도 둔다(1차 발효).
5. 반죽을 10등분해서 둥글린다. 10분간 벤치타임을 두고 다시 둥글게 만들어 오븐 팬에 올린다.
6. 5를 38℃, 습도 75%에 1시간 반 정도 둔다(2차 발효).
7. 소형 체를 이용하여 밀가루(분량 외)를 뿌린다. 180℃의 오븐에서 12~15분간 굽는다

★ 반죽에 수분이 많아서 질어진 경우, 틀에 넣어 구우면 모양이 흐트러지지 않는다.

감자로 만든 폭신폭신 빵

감자를 반죽에 넣어 먹음직스럽고 노릇노릇한 색의 빵.
은은한 달콤함과 부드러운 촉감이 입맛을 유혹합니다.

감자로 만든 폭신 폭신 빵

재료

- 중종 – 150g
- 강력분 – 300g
- 소금 – 2작은술
- 설탕 – 1큰술
- 찐 감자 – 200g
- 우유 – 125ml
- 버터 – 30g

1. 껍질을 벗겨서 찐 감자를 으깬 후, 냉장고에서 1일간 식힌다. 시간을 둠으로써 감자가 달라붙지 않고 빵이 동그랗게 잘 부풀어 오른다.
2. 버터 외의 재료를 섞어 하나로 만든 후 10분 정도 반죽한다.
3. 버터를 넣고 매끈매끈해질 때까지 다시 15분 정도 반죽한다.
4. 반죽을 둥글려 볼에 넣고 비닐 백을 씌운다. 30℃에서 5시간 정도 둔다(1차 발효).
5. 반죽을 2등분하여 둥글린다. 벤치타임을 10분간 두고 오븐 팬에 올린다.
6. 5를 38℃, 습도 75%에 1시간 반 정도 둔다(2차 발효).
7. 6에 소형 체를 이용하여 밀가루를 뿌린 후 꼬치로 듬성듬성 구멍을 낸다. 180℃의 오븐에서 20분간 굽는다.

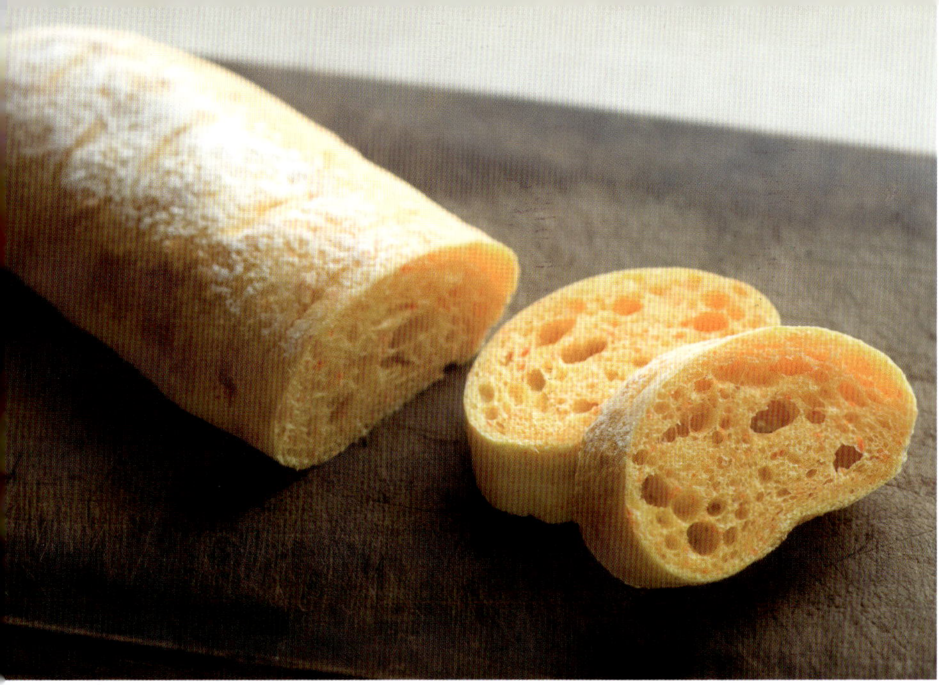

당근으로 만든 쿠페빵

당근으로 만든 쿠페빵

재료

- 중종 – 150g
- 강력분 – 300g
- 소금 – 2작은술
- 설탕 – 2큰술
- 당근 – 200g
- 달걀노른자 – 1개 + 물75ml 정도
- 버터 – 40g

1. 당근을 부드러워질 때까지 삶아 믹서에 넣고 간다.
2. 버터 외의 재료를 섞어 하나로 뭉쳐, 10분 정도 반죽한다.
3. 버터를 넣고 매끈매끈해 질 때까지 15분 정도 반죽한다.
4. 반죽을 둥글려 볼에 넣고, 비닐 주머니를 씌운다. 30℃에서 4시간 정도 둔다(1차 발효).
5. 반죽을 4등분하여 둥글린다. 벤치타임을 10분 두고 겹쳐서 봉 모양으로 만든 후 오븐 팬에 올린다.
6. 5를 38℃, 75% 습도에서 1시간 반 정도 둔다(2차 발효).
7. 6에 소형 체를 이용하여 밀가루를 뿌리고 칼끝으로 짧은 선 모양을 동그랗게 넣는다. 180℃의 오븐에서 20분간 굽는다.

뜯어먹는 단호박 빵

동그란 반죽을 틀에 채워 단호박 모양으로 만드는 빵.
모양을 만드는 즐거움이 쏠쏠한 빵입니다. 먹고 싶은 만큼 하나씩 뜯어서 드세요.

 **뜯어먹는 단호박 빵**

재료

- 중종 – 150g
- 강력분 – 300g
- 소금 – 2작은술
- 설탕 – 1큰술
- 단호박 – 200g
- 물 – 150ml
- 버터 – 30g

1. 단호박을 삶아서 으깬다. 껍질이 들어가도 괜찮다(껍질을 넣으면 색이 더 선명해진다).
2. 버터 외의 재료를 섞어 하나로 뭉쳐, 10분 정도 반죽한다.
3. 버터를 넣고 매끈매끈해질 때까지 15분 정도 반죽한다.
4. 반죽을 둥글려 볼에 넣고, 비닐 팩을 씌운다. 30℃에서 5~6시간 정도 둔다(1차 발효).
5. 반죽을 21등분(1개당 40g 정도)해 둥글린다. 15cm의 둥근 틀(3대분)의 안쪽에 기름(분량 외)을 바른다. 틀 1대에 7개씩 붙여 꽃모양을 만든다(가운데 1개, 바깥쪽 6개).
6. 5를 38℃, 습도 75%에 1시간 반 정도 둔다(2차 발효).
7. 분무기로 물을 살짝 뿌린 후 180℃의 오븐에서 20분간 굽는다.

★ 수분이 많은 단호박을 사용하는 경우에는, 물의 양을 줄여가며 조절한다.

향긋한 양파구이 빵

볶은 양파를 생지에 넣은, 깊은 풍미와 고소함이 돋보이는 간식 빵.
술안주로도 잘 어울립니다.

향긋한 양파구이 빵

재료 (6개)

- 중종 – 150g
- 강력분 – 300g
- 소금 – 작은 스푼으로 2스푼
- 물 – 185~200ml
- 볶은 양파 – 50g

1. (준비) 슬라이스 한 양파 5개(1개 250g)를 기름(분량 외)을 두른 프라이팬에서 갈색이 될 때까지 충분히 볶다가 5분의 1의 양이 될 때까지 농축시킨다. 50g이 양파 1개 분에 해당한다. 양파의 양이 적으면 눌러 붙기 쉬우므로 조금 많은 양을 볶는 것이 좋다.

2. 모든 재료를 하나로 섞은 후, 매끈매끈해 질 때까지 20분 정도 반죽한다.

3. 반죽을 둥글려 볼에 넣고, 비닐 팩을 씌운다. 30℃에서 5~6시간 정도 둔다(1차 발효).

4. 6등분 한 후 둥글린다. 벤치타임을 20분간 두고, 반죽을 손바닥으로 눌러준다.

5. 38℃, 75% 습도에서 1시간 반 정도 둔다(2차 발효).

6. 반죽의 표면에 붓으로 올리브 오일(분량 외)을 바른 후, 꼬치로 듬성듬성 구멍을 뚫어 200℃의 오븐에서 15분간 굽는다.

★ 반죽에 올리브나 채 썬 베이컨을 넣어도 좋다. 볶은 양파를 냉동실에 보관해 두면, 카레나 스프 등의 요리는 물론, 빵을 만들 때 사용하기에 편리하다.

채소밭의 폭신폭신한 포카치아

부드러운 타입의 반죽을 평평하게 펴서 계절채소를 올린 빵.
색감을 살려 화려하게 장식해 주세요.

채소밭의 폭신폭신한 포카치아

재료

- 중종 – 150g
- 강력분 – 300g
- 소금 – 작은 스푼으로 2스푼
- 설탕 – 1큰술
- 분유 – 1큰술
- 물 – 215ml
- 버터 – 15g
- 갖은 채소와 기호에 따른 소스
  – 적당량
- 올리브오일 – 적당량

1. 청색 글씨 재료를 섞어 한 덩어리로 만들어 15분 정도 반죽하고 버터를 넣어 다시 매끈매끈해 질 때까지 15분 정도 반죽한다.
2. 재료를 둥글려 볼에 넣고 비닐 백을 씌운다. 30℃에서 6시간 정도 둔다(1차 발효).
3. 8등분 한 후 둥글린다. 벤치타임을 10분 두고 손바닥으로 2cm 두께가 될 때까지 누른다.
4. 38℃, 75% 습도에서 1시간 반 정도 둔다(2차 발효).
5. 가위로 조금 깊은 1자 모양을 넣고 채소를 채운 후, 소스를 뿌리고 마지막에 올리브 오일을 돌려가며 뿌린다.
6. 채소가 타지 않도록 오븐은 약한 불로 하고, 200℃에서 15분간 구워 잘게 썬 파슬리로 장식한다.

★ 채소는 소금물에 데쳐 볶거나 쪄서 미리 준비를 해둔다. 토핑소스는 제노베이제, 타프나드, 마요네즈와 같이 맛이 강한 것이 잘 어울린다.

밑반찬을 소로 넣어 구운 빵

만들어둔 밑반찬, 달콤한 팥고물 등 넣을 수 있는 재료는 자유자재.
좋아하는 밑반찬을 소로 넣어 만들어 보세요.

밑반찬을 소로 넣어 구운 빵

재료

- 중종 – 150g
- 강력분 – 300g
- 소금 – 2작은술
- 설탕 – 2큰술
- 물 – 200ml
- 밑반찬 소 – 적당량

1. 밑반찬 외의 모든 재료를 섞어 한 덩어리로 만든 후, 매끈매끈해 질 때까지 20분 정도 반죽한다.
2. 반죽을 둥글려 볼에 넣고, 30℃에서 6시간 정도 둔다 (1차 발효).
3. 10등분하여 둥글린다. 벤치타임을 10분 두고, 이음새를 위쪽으로 해서 밀대로 얇게 편다. 반죽의 중앙에 소를 40g 올린 후 감싼다.
4. 오븐 팬에 올리고 38℃, 75% 습도에서 1시간 반 정도 둔다(2차 발효).
5. 반죽 위에 팬을 덮어 200℃의 오븐에서 15분간 굽는다.

★ 소는 수분을 제거해서 단단할 정도로 만들어 뭉쳐두면 편하다. 절임 반찬은 채를 쳐서 볶고, 밑반찬을 잘 혼합되게 만드는 재료(두부, 비지, 달걀, 다진 고기, 가루 종류 등)를 조금 섞어 두면 좋다. 사진의 소는 왼쪽부터 타카나 절임, 무말랭이, 가지된장나물, 톳 졸임.

쑥 찐빵

쑥을 넣은 반죽은 굽는 것보다 찌는 것이 향이 강해집니다. 마른 쑥은 일 년 내내 언제든지 사용할 수 있지만, 제철에 캔 향긋한 쑥을 사용하면 더욱 좋습니다.

 **쑥 찐빵**

재료

- 중종 – 150g
- 강력분 – 300g
- 소금 – 2작은술
- 설탕 – 1큰술
- 쑥(말린 것) – 15g (생 쑥은 100g)
- 물 – 185ml
- 단팥 – 300g

1. 단팥 외의 모든 재료를 섞어 한 덩어리로 만든 후, 매끈매끈해질 때까지 20분 정도 반죽한다.
2. 반죽을 둥글려 볼에 넣고, 비닐 팩을 씌운다. 30℃에서 5~6시간 정도 둔다(2차 발효).
3. 반죽을 10등분 해 둥글린다. 벤치타임을 20분 두고, 이음새를 위쪽으로 해서 밀대로 1cm 두께로 편다. 반죽의 중앙에 뭉쳐둔 단팥 30g을 올린 후 반죽으로 감싼다.
4. 오븐 팬에 종이를 깔고 놓은 후 38℃, 75% 습도에서 1시간 정도 둔다(2차 발효).
5. 김이 나는 찜통에서 15분 정도 찐다.

콩된장 베이글

콩된장의 깊은 감칠 맛, 그리고 검은깨의 고소함이 잘 어우러진,
고향이 그리워지는 추억의 베이글입니다.

콩된장 베이글

재료

- 중종 – 150g
- 준강력분 – 300g
- 콩된장 – 50g
- 설탕 – 2큰술
- 물 – 185ml
- 볶은 검은 깨 – 50g

1. 깨 외의 재료를 섞어 한 덩어리로 만든 후, 20분 정도 반죽한다. 깨가 반죽에 골고루 섞이도록 한다.

2. 반죽을 둥글려 볼에 넣고, 비닐 팩을 씌운다. 30℃에서 5시간 정도 둔다(1차 발효). 성형에 시간이 걸리는 점을 감안하여 조금 빨리 발효를 마친다.

3. 8등분해서 둥글린다. 벤치타임을 10분 두고, 밀대로 안쪽에서 바깥 방향으로 미는 것을 반복하다가 다시 벤치타임을 10분 둔다. 좌우 손바닥으로 굴리듯 밀어 25cm의 봉 모양으로 편다. 양쪽 끝을 납작하게 눌러 다른 한 쪽을 감싸듯 밀착시켜 원 모양으로 만든다.

4. 종이를 깐 오븐 팬에 올리고 35℃, 75% 습도에 1시간 정도 둔다(2차 발효).

5. 냄비에 물을 끓여 노릇노릇한 색깔로 구워지기 쉽도록 설탕을 넣는다. 4의 반죽 양면을 각 1분 정도 삶는다(그동안 오븐을 200℃로 예열해 둔다).

6. 삶은 반죽을 곧바로 오븐 팬에 올리고 200℃에서 15~20분간 굽는다.

카스타드 크림

카스타드 소스는 [쿠키가게의 크림(크렘·파티쉘)]이라고 불리는, 과자를 만드는 기본 크림입니다. 크림빵이나 슈크림빵 속에 들어가는 재료로서 우리에게 매우 친숙하지요. 바스크나 페스트리 등의 반죽과 함께 구울 때도 사용합니다.

 **카스타드 크림**

재료

- 달걀 노른자 – 2개
- 우유 – 200ml
- 설탕 – 5큰술
- 박력분 – 2큰술
- 버터 – 15g
- 바닐라 에센스 – 조금
- 럼주 – 2작은술

1. 달걀 노른자와 설탕을 볼에 넣고 골고루 섞은 후 밀가루를 넣고 다시 섞는다.

2. 끓기 직전까지 열을 가한 우유를 1에 넣어, 채에 걸러 냄비에 넣고, 중불로 가열한다. 끈기가 나오고 기포가 생기면 불을 끈다.

3. 뜨거울 때 버터를 섞고 볼에 옮긴 후, 뜨거운 열기가 빠지면 찬물에 식혀 바닐라 에센스와 럼주를 더한다.

4. 보존용기에 넣고 단단하게 랩을 씌워 표면이 건조되는 것을 막는다. 냉장보관하도록 하고 3~4일 이내에 모두 사용하도록 한다.

초콜릿 텐파링

초콜릿은 용해온도가 각기 다른 여러 가지 성분으로 만들어졌습니다.
텐파링은 성분에 따라 각각의 용해온도를 맞추어 완전히 녹여, 부드러운 초콜릿을 만
드는 작업입니다. 이것을 소홀히 하면 식었을 때 하얀 반점이 생겨서 맛과 향이 떨
어집니다.

 **초콜릿 텐파링**

재료

- 밀크 초콜릿 – 200g (소량
  의 경우 건조되어 실패할 수
  있으므로 넉넉한 양을 준비
  한다)

1. 얇게 썬 초콜릿을 볼에 넣고 냄비에 끓인 60℃의 물에서 녹여 초콜릿의 온도를 50℃로 맞춘다.

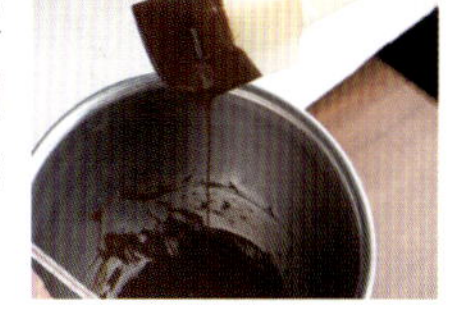

2. 다른 냄비에 찬물을 붓고 1의 볼을 담가 초콜릿의 온도를 27℃로 내린다.

3. 1의 따뜻한 물이 든 냄비에 2를 담가 초콜릿이 30℃로 올라가면 냄비에서 꺼낸다. 텐파링 완료. 굳기 전에 비스킷이나 케이크의 커버링으로 사용한다.

★ 도구는 반드시 물기가 없는 것을 사용할 것.
★ 블랙초콜릿의 경우는 55℃→29℃→32℃, 화이트초콜릿의 경우는 50℃→26℃→28℃로 텐파링한다.

카라멜

카라멜은 냄비 하나만으로도 간단하게 만들 수 있는 심플한 제과 재료입니다. 과자나 빵 반죽에 섞어서 굽거나, 녹여서 소스나 크림에 넣거나, 카라멜 과자를 만드는 등 여러 가지 용도로 사용합니다.

 **카라멜**

재료

- 생크림 – 200ml
- 설탕 – 200g
- 꿀 – 30g

1. 모든 재료를 냄비에 넣고 중불에서 나무주걱으로 조심스럽게 섞어가며 설탕을 녹인다. 거품이 생기면 조금 약한 불로 낮추고 전체를 섞어가면서 몇 분간 더 가열한다.

2. 전체적으로 갈색이 되면서 끓어오르는 거품의 끈기가 강해지면 완성. 카라멜 액을 수저로 떠서 얼음물에 식힌 후 입속에 넣어 보면 카라멜의 딱딱함을 체크할 수 있다. 기호에 따른 농도에서 불을 끈다.

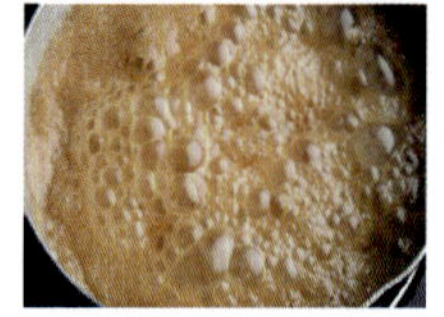

3. 용기에 식품용 필름이나 제과용 종이를 깔아 고정하고(빨래집게가 편리), 한 김빠진 카라멜 액을 붓는다. 식으면 냉장고에 넣어 굳힌 후, 필름이 붙은 채로 꺼내서 사용하기 편리한 사이즈로 자른다.

★ 저지방 생크림을 사용하는 경우에는 버터를 15~20g 넣고, 사탕처럼 만들고 싶을 때에는 물엿을 15~20g 넣어서 만든다.

★ 2의 완성한 카라멜 액에 생크림 100ml, 우유 200ml, 꿀 20g을 넣고 중불에서 끓이면, 생과자처럼 부드러운 카라멜 크림이 된다. 머핀용 반죽에 섞어서 굽거나 페이스트리 위에 뿌려서 굽는다.

"""

아이싱

가루설탕과 극소량의 수분을 볼에 넣고 섞어 주기만 하면 되는 장식용 재료입니다. 달콤한 빵이나 크로와상 등의 페이스트리에 방울방울 떨어뜨리거나 바삭한 쿠키나 비스킷 위에 조금씩 짜서 장식합니다.

 아이싱

재료

- 가루 설탕 – 70g
- 달걀 흰자(또는 물) – 1큰술 정도
- (필요에 따라)레몬즙 – 소량

1. 달걀 흰자를 컵에 넣고 젓가락 등으로 잘 풀어가며 섞는다.

2. 볼에 가루설탕을 넣고 달걀 흰자(수분)를 조심스럽게 넣는다. 빨리 굳지 않게 하기 위해서는 레몬 즙을 조금씩 넣는다. 고무주걱으로 잘 저어 물엿처럼 눅진눅진한 상태가 되면 완성.

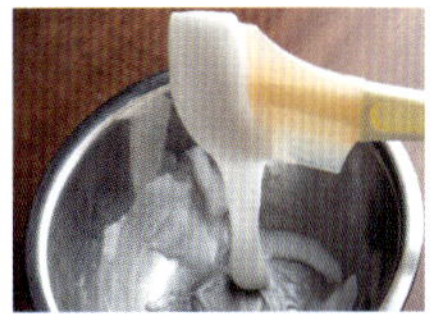

3. 쿠키 등을 넣는 두껍고 작은 비닐 팩에 아이싱을 채워 입구를 고무 밴드로 묶은 후, 주머니의 끝을 가위로 약간 잘라 아이싱을 짜낼 구멍을 만든다.

★ 색깔을 넣기 위해서는 수분을 바꾼다. 녹색 : 녹차, 핑크색 : 라즈베리나 딸기즙, 노란색 : 달걀 노른자나 오렌지 주스, 갈색 : 코코아 파우더, 보라색 : 블루베리 즙 등

★ 수분에 달걀 흰자를 사용하는 것은 짜기 쉽게 하기 위해서이다. 완성 후 통풍이 잘되는 서늘한 장소에 두면 1~2시간 안에 굳는다.

후르츠 소스

카드라고 불리는 영국의 소스로 새콤달콤한 맛이 특징입니다. 레몬을 사용하는 경우가 많지만 유자나 등자 등과 같은 감귤류로 만드는 것도 좋습니다. 스콘이나 빵 케이크, 핫 비스킷과 함께 곁들이면 고급스러운 과자가 됩니다.

 **후르츠 소스**

재료

- 감귤류 즙 – 60ml
- 설탕 – 6큰술
- 달걀 – 1개
- 버터 – 20~50g
  (기호에 따라 조절)

1. 모든 재료를 볼에 넣고 중탕한다. 주걱으로 조심스럽게 저어가며 걸쭉해질 때까지 가열한다. 조심스럽게 섞지 않으면 알갱이가 생기는 경우도 있지만, 체에 한 번 곱게 거르면 매끄러워진다.

2. 깨끗한 병에 넣어 냉장고에서 보관한다(2주간).

★ 짜낸 즙에 껍질을 다진 즙을 한 두 방울 넣으면 풍미가 깊어진다. 브랜디와 같은 양주를 조금 넣으면 과자류와 한층 더 잘 어울리는 후르츠 소스가 된다.

잼

계절과일이 충분히 있을 때는 집안을 가득히 채우는 향기가 즐거운 잼을 만들어 보세요. 빵이나 과자는 물론, 요구르트나 아이스크림에도 잘 어울려 다양하게 사용할 수 있습니다. 여기에서 소개하는 것은 딸기 잼이지만, 블루베리나 천도복숭아, 살구 등의 다른 과일도 같은 방법으로 만들 수 있습니다.

 잼

재료

- 딸기 – 300g
- 설탕 – 150g
- 레몬 즙 – 30ml

1. 절반 분량의 설탕과 레몬 즙을, 꼭지를 떼어 적당한 크기로 자른 딸기에 뿌려 1시간 정도 둔다. 딸기에서 수분이 나온다.

2. 1을 냄비에 넣고 약한 불로 10분 정도 끓여 끈끈하게 만든다. 흰 거품이 끓어 오르면 수저나 망을 이용해서 건져낸다.

3. 남은 설탕을 넣고 중불에서 10분 정도 저어가며 끓인다. 걸쭉해지면 완성. 깨끗한 병에 넣어 냉장고에서 보관한다.

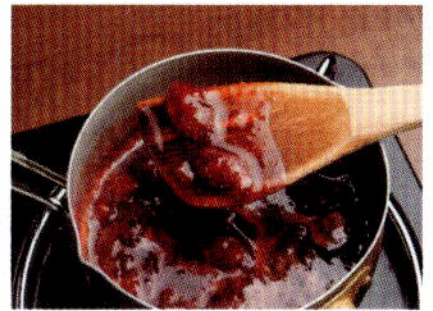

필

레몬, 오렌지, 유자, 귤 등과 같은 감귤류의 껍질을 같은 양의 설탕을 넣고 끓여 건조시킵니다. 잼이나 마멀레이드 만들기보다는 조금 수고스럽지만 오랫동안 보관할 수 있으므로 만들어 두면 일 년 내내 사용할 수 있는 편리한 제과·제빵 재료입니다.

 필

재료

- 감귤류 껍질 – 300g
- 설탕 – 300g
- 그라뉴당(또는 가루설탕) – 적당량

1. 표면의 껍질을 필러로 가능한 얇게 벗겨내어 1cm 폭으로 자른다(흰 부분은 천연 펙틴이므로 떼어낼 필요 없음). 자작자작한 물에 한번 삶아, 충분한 물에 몇 시간~반나절 정도 담가둔다.

2. 물기를 뺀 후 냄비에 넣어 300ml의 물과 반절 분량의 설탕을 넣고 수분이 거의 없어질 때 까지 졸인다.

3. 남은 설탕을 넣고 잘 섞이도록 냄비를 흔들어가며 끓여 수분을 증발시킨다.

4. 설탕이 응고되어 딱딱해지면 완성. 판에 넓게 펴 그라뉴당 같은 바슬바슬한 설탕을 바른다. 통풍이 잘되는 서늘한 장소에서 식혀 비닐 팩에 넣어 차갑고 어두운 곳에서 보관한다.

★ 필을 얇게 저며 건포도나 견과류 등과 섞어서 사용해도 좋다. 럼주나 브랜디 등을 적당량 바르면 필이 부드러워지고 풍미가 깊어진다.

자연발효 천연효모종과 발효이야기

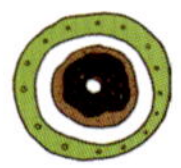 연습과 반복, 시행착오를 거듭한 천연효모종 만들기

과일과 채소를 사용한 천연효모종 만들기가 최근 화제가 되고 있습니다. 이 책에서는 빵 만들기에 사용하는 천연효모종을 「자연팽창제」로 이용해서 과자 만들기에서 폭넓게 사용할 수 있는 레시피를 소개합니다. 20년쯤 전에는 천연발효 빵이 일반적인 것이 아니었기 때문에 주변에서는 「효모종이 뭐죠?」 「천연효모 빵이 뭔가요?」 라고 묻는 분이 많았습니다. 당시에는 효모종과 천연발효 빵 만들기에 대한 지침서 등이 거의 없었을 때였으므로 장님이 손을 더듬어 물건 찾듯 이것저것 시험 삼아 만들어 보기도 하였고 계속된 실패에 좌절감도 많이 느꼈습니다. 아마 그 시절 효모 빵을 만들던 분들은 모두 그러했을 것이라 생각합니다.

그때와 비교해 보면 지금은 세상이 몰라보게 달라졌습니다. 천연발효 빵도 대중적인 빵이 되었고, 하나의 일상식품으로 자리를 차지하고 있습니다. 최근에는 관련서적도 많이 출판되었고 인터넷에서도 천연효모 빵에 대한 정보가 넘쳐납니다. 물론 이러한 결과는 그동안 빵을 만드는 분들의 부단한 노력이 있었기 때문이라 생각합니다.

저도 젊은 시절에는 과일과 채소, 유제품을 발효시켜 만든 효모종으로 천연효모빵과 비슷한 빵들을 구워내며 즐거워했습니다. 당시에는 유일하게 시판되었던 천연효모를 많이 사용했고, 물론 이스트를 사용하기도 했습니다. 저에게 있어서 빵 만드는 일은 어떠한 빵 종류를 막론하고 마냥 가슴이 두근거리는 즐거운 작업이었습니다. 그것이 설령 기대 만큼의 흡족한 맛으로 구워지지 않았어도, 스스로가 구웠다는 그 사실 하나만으로도 충분히 행복했습니다.

시행착오를 거듭한 결과 저는 순수하게 밀가루와 물을 이용해서 자연발효를 시켜서 만든 천연효모종이 최고라는 생각을 갖게 되었습니다. 당시의 저는 때마침 여러 가지 발효식을 만들기 시작할 때였으므로 밀가루와 물만으로 만든 자연발효종은 놀라울 정도로 간단하게 만들어졌습니다. 하지만 간단히 만들어지는 것은 자연발효종에만 국한됩니다. 그 단계에 이르기까지는 사실 부단한 노력이 필요했습니다.

간장을 만들려고 했던 콩이 냄새나는 낫토가 되거나, 누룩곰팡이는 생기지 않고 푸른곰팡이만 생기는 된장덩어리를 그대로 사용해 보기도 했습니다. 마당에 널어둔 실패작의 쌀겨에서는 파랗게 곰팡이가 피어났습니다. 빵종을 만들던 용기의 뚜껑이 날아가 방바닥을 질퍽질퍽하게 더럽혔고, 흘러넘친 발효체 국물 주변으로는 날벌레들이 수없이 날아다녔습니다.

어느 날은 발효된 액종를 담아 두었던 유리병이 직사광선을 받아 뻥하고 폭발해버린 적도 있습니다. 이건 절대 그냥 웃고 넘어갈 일이 아닙니다. 폭발만큼은 반드시 주의를 기울여야 합니다. 빵종을 만들려는 액종을 유리병에 넣어 밀봉한 채 직사광선이 닿은 장소나 난열기구 등이 있는 따뜻한 장소에 장시간 방치해 두면 대단히 위험하다는 것을 깨닫게 한 중요한 사건이었습니다.

돌이켜보면, 이러한 여러 가지 시도와 수많은 실패경험 덕분에 지금의 자연발효 빵종을 만드는 방법을 얻을 수 있었던 것 같습니다. 물론 큰 자랑거리는 아닙니다. 저는 어떤 것으로 어떻게 하면 어떤 결과를 얻을 수 있게 되는지, 또한 그것이 제대로 된 발효인지를 확실히 판단하게 되는 첫 번째 열쇠를 비로소 손에 쥐게 되었습니다.

# 효모는 「만드는」 것이 아니라 「키우는」 것

저는 전문적인 학자나 연구자가 아니기 때문에 토대가 되는 것은 모두 제 자신의 경험뿐입니다. 정보가 없었던 덕분에 여러 가지 실험을 할 수밖에 없었고, 실패도 많았습니다. 만약 지금처럼 정보가 넘쳐나서 처음부터 풍부한 자료를 금방 손에 넣을 수 있었다면 그렇게 많은 시간과 노력을 들여 지혜를 짜낼 필요도 없었 겠지요. 하지만 수많은 시도와 실패가 있었기 때문에 결국 제 힘으로 자연발효 효모 빵을 만들 수가 있었던 것이라 생각합니다.

정보와 지혜는 서로 닮았지만 전혀 다른 것이라고 생각합니다. 정보는 바깥쪽 에서 들어오는 것이지만 지혜는 안쪽에서 만들어지는 것이기 때문입니다. 정보에만 의존해 매뉴얼이나 래시피의 숫자만을 수동적으로 받아들인다면 자신은 단순한 정보 수용자에 지나지 않을 것입니다. 발효를 할 때 단순히 정보만을 받아들 이는 사람이라면 그 어떤 것도 새롭게 만들어낼 수 없습니다. 발효는 매뉴얼 로 결코 설명될 수 없습니다. 왜냐하면 발효는 만드는 과정이 아니라 생활환경 속에서 자연스럽게 얻어지는 것이기 때문입니다. 그렇기 때문에 발효는 자연 스럽게 만들어 진 것을 열심히 '키워가는' 과정입니다.

요즘은 모든 정보를 한 번의 클릭으로 순식간에 손에 넣을 수 있는 시대입니다. 물론 저도 그러한 혜택을 받고 있습니다. 하지만 정보에만 의존할 것이 아니라 받아들인 정보와 스스로 깨달은 지혜가 합쳐져서 상승효과를 발휘할 때 비로소 좋은 발효식이 탄생된다고 생각합니다. 앞으로도 더 좋은 자연 발효식이 만들 어지도록 고민하고 노력해 주시기를 부탁드립니다.

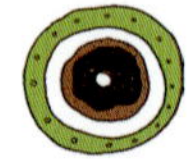 ## 숙성시킬수록 더욱 맛있어지는 천연효모종

곡물은 발효하기 쉬운 재료입니다. 특히 전립분이나 호밀, 현미, 쌀겨 등은 아주 자연스럽게 초기발효를 시작합니다. 이러한 발효되기 쉬운 곡물을 처음에 이용하는 것은 초보자에게 있어 매우 현명한 방법입니다. 다만, 발효되기 쉬운 것은 초기발효까지는 쉽지만 이후 급격히 발효가 진행되어 알콜화 되어버리거나 산미가 강해져버리기 때문에 처음의 발효상태를 지속적으로 유지하기가 어렵습니다. 원종을 만들 때 하얀 밀가루가 주재료인 전립분 등을 발효촉진제로 살짝 뿌려 사용하는 것도 그런 이유입니다.

효모종을 의도적으로 종계를 해도 좋습니다. 종은 숙성을 반복하면 할수록 풍미가 깊어지고, 잡냄새도 없어지며, 발효력도 좋아져 발효상태도 안정됩니다. 발효를 막 끝낸 미숙한 어린 종으로 만든 효모 빵은 시큼하고 딱딱해 맛이 없습니다. 예전에는 그런 빵을 「제대로 된 효모 빵」이라 여겨 저도 자랑스러워하며 즐겨 먹기도 했습니다. 하지만 한 입만 떼어 먹어도 다른 음식을 먹을 수 없을 정도로 그 신맛과 딱딱함은 실로 컸습니다.

 ## 밀가루와 물만으로도 천연효모종이 만들어지는 이유

저는 아무리 직접 만든 효모 빵이더라도 그 빵은 식탁의 주역이 아니라 요리의 조역이라고 생각합니다. 빵이 딱딱하고 시큼하면 중요한 요리의 맛을 방해합니다. 어린아이들이나 효모 빵을 전혀 모르는 노인들도 즐길 수 있는 부드럽고 맛있는 효모 빵을 만들고 싶었습니다. 그래서 여러 가지를 시험을 한 결과

드디어 밀가루와 물만으로 만드는 자연발효종을 만나게 되었습니다.

과일이나 채소로 만든 효모나 이스트 빵 반죽에서 중종을 만드는 경우도 (p.8 참조), 밀가루와 소금 그리고 물만으로 한 달 정도 종계를 반복하고 숙성시키면 눈에 띄게 풍미가 깊어집니다. 왜냐하면 처음에는 중종에 야생 효모가 자리 잡지만 그 후에는 처음 사용한 효모의 성질은 점점 없어지고 점차 자연발효종과 같은 새로운 성질을 갖게 되기 때문입니다.

빵은 먹기 쉽고 맛있으면 그것으로 족합니다. 오히려 빵보다 제철 과일과 채소, 즐겨먹는 절임반찬과 발효식품, 인생의 마디마디에서 만나는 축하행사음식 그리고 일상생활에서 남은 자투리 재료들로 일상적인 요리를 만드는 일이 저에게는 무엇보다 즐겁고 소중합니다.

물론 직접 굽는 빵도 없어서는 안 될 중요한 음식입니다. 「내일은 아침 일찍 나가야 하니까 빵을 먹을까?」 「오늘은 바쁘니까 점심 때 먹을 샌드위치를 만들어 둬야지! 」 「간식으로 피자토스트라도 구워 볼까?」 「오늘밤 우리 집 에서 한잔 할까? 그렇다면 마늘 크러스크와 카나페를 식사대용으로 만들자!」 저 에게 있어서 효모 빵은 이러한 역할을 하는 귀여운 조연입니다. 만약 빵이 없 다면 아무래도 매우 불편한 식생활이 되겠지요.

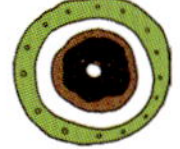 ## 매뉴얼로 표현할 수 없는 살아 숨쉬는 자연발효종

환경에 따라 성질이 변하는 자연발효종에 있어서 100% 정확한 매뉴얼이란 없습 니다. 이 책의 래시피도 그동안의 저의 경험들에 기초하여 만든 것이기 때문에 부디 가벼운 선에서 참고하여 주시길 바랍니다.

분명히 말씀드릴 수 있는 것은 이 책의 레시피에 나오는 밀가루 ○g, 물 ○ml, 온도 ○℃, 습도 ○%, 시간 ○시간에서 ○안에 들어가는 숫자는 엄밀히 말해서 정확한 것은 아니라는 것입니다. 밀가루와 물로 만든 반죽은 그것이 질든 되든, 온도나 습도가 몇 도에 몇 %이더라도 효모가 반죽에 떨어져 착상하고 생명활동을 하는 한 반드시 발효를 하게 됩니다. 하지만 만약 그 생명활동을 방해하는 것이 생기면 반죽은 부패됩니다. 결국 발효가 잘되는 것은 효모의 덕분이고 실패하는 것은 사람의 탓인 것이지요.

효모종은 물건이 아니라 미생물입니다. 사람이 관심을 가져주면 반드시 보답하며 우리를 배신하는 일은 절대로 없습니다. 제가 과거에 경험했던 실패의 원인도 모두 제 자신에게 있었습니다. 착각, 무지, 자만, 조바심, 게으름, 태만 등이 그 이유입니다. 작은 살아 있는 것들은 생명이 순환하는 자연의 법칙 속에서 규칙적으로 살아가고 있습니다. 사람들은 그들의 법도와 규칙의 단 몇%도 알 수 없다고 생각합니다. 즉, 「종이 나빴다」가 아니라 우리가 무엇인가를 잘못 한 것입니다. 효모종은 언제나 이러한 사실을 일깨워줍니다.

이 책에서는 과자부터 간식 빵까지의 래시피를 소개하고 있습니다. 식빵이나 프랑스빵 등 자연발효종의 간단한 빵 만들기에 대해서는 「물과 밀가루만으로 만든 빵종으로 만드는 효모빵」(애스펙트) 등의 앞서 간행된 졸저(拙著)도 참조하여 주시길 바랍니다.

자연발효종 만들기에 대한 궁금증과 답변 

 냉동시킨 원종에 물기가 생겨 질퍽거리며 쉰내가
나는데 괜찮을까요?

 밀가루를 보충해서 빵 반죽상태로 되돌려 주세요.

처음 보온시켜 빵 반죽상태로 부풀린 원종도 냉장시켜 숙성하는 동안에
수분이 나와서 끈적끈적해지는 경우가 생깁니다. 이것은 발효가 진행되
면서 자연스럽게 생기는 현상입니다. 하지만 그대로 방치해두면 부패
하게 됩니다. 반죽에 수분이 나와 질어지면 발효시기와 상관없이 밀가루를
적당히 보충하여 주시기 바랍니다.

만약 원종의 색이 거무스름해지거나 불쾌한 냄새가 나면 부패를 의심해
보세요. 발효인지 부패인지를 확실히 눈으로 확인하고 싶을 때는 약국에서
리트머스 시험지를 구입하여 산성인지 알카리성인지를 확인해 보는
방법도 있습니다. 잘 발효된 반죽은 산성입니다. 파란 리트머스 종이가
빨갛게 변하지요. 부패된 반죽은 알카리성입니다. 이 때는 빨간 리트머스
종이가 파랗게 변합니다. 완벽한 방법은 아닙니다만, 어느 정도의 판단
에는 참고가 될 것 입니다.

 중종은 얼마동안 냉장고에 넣어둘 수 있나요?

 길어도 6일 정도입니다. 1주일 이상 방치해 두면
원종처럼 발효력이 떨어집니다.

완성된 중종은 곧바로 반죽 만들기에 사용될 수 있습니다. 하지만 종은 숙성시킬수록 풍미가 깊어지므로 냉장고에서 3~4일 정도 넣어 두었다 사용할 것을 권합니다. 사용하고 남은 중종은 계속 종계하 시면 됩니다.

저는 1~2일째의 종을 「초종(어린 종)」, 3~4일째의 종을 「숙종(여 문 종)」, 5~6일째의 종을 「고종(묵은 종)」 이라고 부릅니다. 어떤 종을 사용해야 할지는 만들고 싶은 빵이나 과자에 따라 달라집니다. 특히 프랑스빵이나 호밀빵 등 달걀이나 버터가 들어가지 않는 저배 합의 「린(Lean)빵」 일 경우, 충분히 숙성이 진행된 것 보다는 안정된 산성의 상태의 중종을 사용합니다. 린빵을 만들 때 중종을 사용하지 않으면 양질의 빵 반죽을 얻을 수 없습니다. 밀가루, 소금, 물만으로 만드는 린빵은 종의 종류나 넣는 시기를 놓치지 말아야 하는 「까다 로운 빵」 이기 때문입니다.

그러나 이 책에서 소개하는 설탕이나 달걀, 유지방 등이 들어가는 과자나 간식 빵의 경우는 어린 종부터 묵은 종까지 어느 것을 사용 하셔도 됩니다. 넣는 시기도 까다롭지 않기 때문에 부담 없이 만들 수 있습니다.

 처음으로 원종과 중종을 만들어 봤습니다. 잘되었
는지 확인할 수 있는 방법이 있나요?

 프레인빵을 구워서 맛을 보도록 하세요.

종이 빵 반죽 상태에 있으면 발효는 하고 있지만, 종이 되었는가를
확인하기 위해서는 3~4일 정도 재워둔 중종으로 간단한 린빵을 만들어
직접 맛보는 것이 가장 좋습니다. 성형이 어렵다면 프랑스빵을 구워
보면 간단합니다. 중종 150g, 빵용 소맥분 300g, 소금 1과 1/2 작은 술,
물 210ml를 섞은 다음 중종처럼 탄력이 생길 때까지 반죽하여 1차
발효를 합니다. 핑거테스트를 해서 발효가 완료되었으면 가볍게 가스를
빼고 32℃, 습도 75%로 1시간 정도 2차 발효를 시킵니다. 반죽을
프라이팬에 뚜껑을 덮고 약한 불로 15~20분 정도 굽습니다.
빵이 맛있게 구워지면 원종도 중종도 모두 양호한 상태로 모든 발
효 판단과 반죽 만들기가 적당했다는 증거입니다. 자연 그대로의 맛
을 알 수 있는 빵이므로 종의 맛을 잘 알 수 있습니다. 다른 효모(액
종이나 시판되는 분말효모종 등)를 사용하여 만든 중종이라도 같은
방법으로 시험해 보시기 바랍니다.
만약 구운 직후에 신맛이 나거나 불쾌한 맛이 난다면 종이 아직 덜
숙성된 것이므로 원종도 중종도 계속해서 숙성시켜야 합니다. 또한
반죽의 1차 발효, 2차 발효시간과 온도 등도 한 번 더 확인해 보시기
바랍니다.

 원종을 굳이 중종으로 만들어 반죽으로 사용하
는 이유는 무엇인가요?

 저온에서 발효시킨 원종을 그대로 사용하는 것
보다 한번 활성화시킨 중종을 사용하는 것이 반
죽 만들기에 편하기 때문입니다.

우선 원종과 중종에 대한 복습입니다. 원종은 밀가루와 물만으로 종
계를 한 후 과잉 발효를 억제하기 위해 냉장고에 넣습니다. 온도를
주지 않으므로 발효는 늦어지고, 냉장고에 넣은 후 1주일을 전후 해
서야 비로소 조금씩 발효하게 되고 기포를 만들면서 팽창합니다.
그것을 종계하면서 1개월 가까이 숙성시킵니다. 그러나 언제까지
이렇게 느린 속도로 만든 종으로 과자나 빵을 만드는 것은 지루하기
짝이 없는 일이겠지요?
이런 이유로 발효가 빠른 중종을 만드는 것입니다. 원종을 적당히
잘라내서 밀가루, 물, 그리고 글루텐을 강화시키기 위한 소금을 넣
어 반죽하여 30℃에서 5~6시간 두면 중종의 발효가 완료됩니다. 냉
장고 안에서 1주일 걸렸던 발효를 온도가 높은 곳에서 5~6시간 만
에 가능해지는 것이지요. 이렇게 만든 중종은 원종처럼 냉장고에 넣
어두고 1~4일간, 길어도 6일 이내에 사용하는 것이 좋습니다. 사용
할 수 없다면 발효력을 떨어뜨리지 않기 위해 종계를 지속합니다.
「그렇다면 원종을 꺼내서 보온시켜 그대로 반죽을 만들면 되지 않
나?」라고 생각하는 분도 계시겠지요? 물론 원종도 사용할 수 있고,
일부러 중종 만들기에 힘쓰는 것은 확실히 귀찮은 일이지요.

그렇지만 중종을 만드는 이유 중 하나는, 오랜 시간 냉장된 원종을 꺼내 발효상태를 구분하는 것이 매우 어려운 일이기 때문입니다. 계절에 따라 냉장고 안의 온도도 변하고, 숙성상태도 변화합니다. 보존기간이 길기 때문에 산미가 강해지는 경우도 있습니다. 그에 비해 중종은 숙성 변화에 차이가 없고 발효력도 안정되어 있으므로 실제로 과자나 빵 반죽을 발효시킬 때도 사용하기가 편합니다.

예를 들면, 원종은 「은행예금」과 같다고 보시면 됩니다. 이것은 과잉된 발효를 억제해가면서 오래 쓸 수 있도록 유지하는 첫 번째 종입니다. 예금을 모두 사용해 버리면 곤란해지겠지요? 중종은 일상에서 사용하는 「지갑」과 같은 것입니다. 이것은 발효력을 가진 두 번째의 종입니다. 예산을 다 써버려 지갑에 돈이 떨어져도 은행계좌에 예금이 남아 있다면 지갑은 곧 채워질 수 있는것과 같습니다. 저의 개인적인 현실은 꼭 그렇지만은 않습니다만...

페달만 밟으면 움직일 수 있는 자전거를 이용해 일을 하듯 하루 쓸 만큼만 지갑에 돈이 있다면 생활은 가능합니다. 적절할 비유는 아니겠지만 과자나 빵을 만들 때마다 약간의 중종을 남겨 두었다가 다음에 사용할 수도 있겠지만, 역시 예금잔고가 있는 편이 안심입니다.

원종은 하얀 밀가루와 물만으로 만든 간단한 빵종입니다. 그러나 어떤 것을 사용해도 되는 중종은 경우에 따라 기호에 맞는 가루(전립분, 호밀, 쌀겨 등)를 넣거나 조미료(소금, 설탕, 꿀, 분유 등)와 선호하는 액체(우유, 채소 즙, 콩 국물, 요구르트 등)를 사용할 수 있습니다. 우유빵을 만들고 싶다면 중종을 만들 때 물 대신에 우유를 넣으면 빵 반죽을 만들 때 맛을 잃지 않고, 보다 풍미 깊은 우유 빵을 만들 수 있습니다. 결국 중종은 만들고 싶은 반죽의 모체(더미)가 되는 것입니다. 그렇기 때문에 원종보다도 중종은 사용하는 것이 빵이나 과자를 만들기에 훨씬 편리한 것입니다.

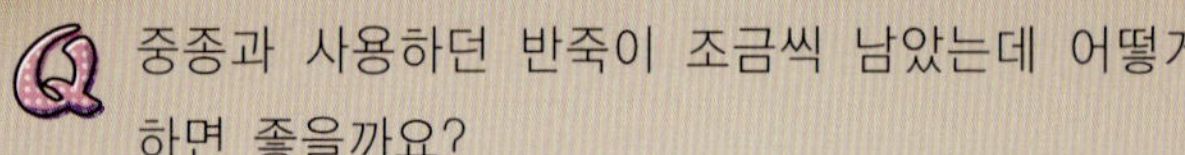 중종과 사용하던 반죽이 조금씩 남았는데 어떻게
하면 좋을까요?

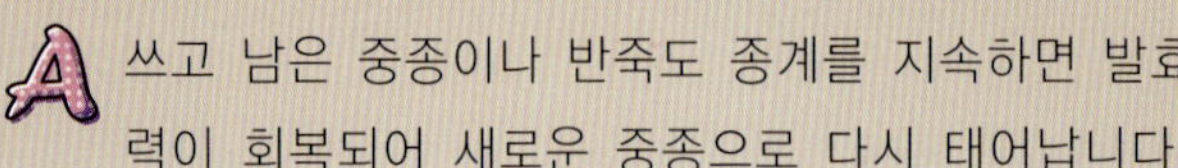 쓰고 남은 중종이나 반죽도 종계를 지속하면 발효
력이 회복되어 새로운 중종으로 다시 태어납니다.

중종은 사용 후 1주일이 지나면 재충전이 필요합니다. 남은 반죽도
바로 종계를 하면 다시 중종이 됩니다.
중종을 종계하는 방법은 남은 중종 50~69g, 밀가루 100g, 물 60ml,
소금 1/2 작은술을 넣고, 중종 만들기 처럼 반죽해서 발효시키면 됩니다.
중종도 원종처럼 중계를 지속하므로, 자주 과자나 빵을 만드는 분
들에게 편리합니다. 종계를 한 중종은 비닐 팩에 넣어 냉장고에서
숙성시켜 1주일 이내에 사용하도록 합니다. 중종을 남김없이 모두
사용한 경우에는「은행예금」에서 원종을 인출해서 중종을 만들면
되는 것이죠.
만약 중종도 다 써버리고 원종도 조금밖에 없는데 서둘러 과자나 빵을 만들
어야 할 때는 원종을 따뜻한 장소에 6시간 정도 놓아두세요. 원종에 기포
가 생기고 곧 발효됩니다. 단, 이것은 현금지급기에서 현금카드로 돈
을 찾아 쓰는 일과 같은 것이므로 그다지 권하고 싶은 방법은 아닙니다.
또한 원종은 냉장고에서 발효를 천천히 억제하고 있으므로, 종계는
2주일에 1회 정도가 좋습니다. 이것이 중종과 원종 종계의 미묘한
차이입니다. 원종 종계를 자주하면 발효풍미를 잃어버려 먼지 냄새나
곰팡이 냄새가 나는 빵이 되어버립니다. 이런 실패는 종계를 자주 하는
분들에게 잘 일어납니다. 직업적으로 중종을 일주일에 몇 번씩 만드는
경우에는, 종계 날짜가 다른 원종을 여러 개 준비해 두면 좋겠지요.

 원종과 중종, 과자나 빵 반죽에 사용하는 밀가루
는 어떤 것이든 상관이 없나요?

 원칙적으로 원종은 하얀 빵용 밀가루를, 중종과
반죽은 만들고 싶은 과자나 빵에 맞는 밀가루를
사용합니다.

원종이 발효가 잘 안 될 때에는 밀가루나 전립분을 넣어도 좋지만(p.8 참조), 조금만 사용해야 합니다. 이러한 것들을 종에 넣으면 처음에는 발효가 쉽게 일어나지만, 지나치게 넣으면, 나중에 발효를 억제하기 어려워집니다. 또 원종이 지나치게 발효되면 반죽이 질퍽질퍽해집니다. 발효식의 어려움은 「쉽사리 발효가 안 되는 것」이 아니라 사실은 「모르는 사이에 지나치게 발효되는 것」이라는 점을 명심하세요.

중종을 만들 때는 기호에 따라 원하는 가루를 넣어도 좋습니다. 과자만 만들고 싶을 경우에는 박력분을 사용하는 것이 좋겠지만, 빵을 만들고자 할 때에는 역시 글루텐을 어느 정도 포함하고 있는 빵용 밀가루를 사용하는 것이 무난합니다.

발효라는 것은 기본적으로 「발효시키기」위해 열심히 활동하고 있는 것이므로 만약 지금까지 발효식과 친하지 않았던 분들이 있다면 조금씩 발상을 바꾸어 보시는 것이 어떨까요?

천연효모빵종에 대해 말씀드리자면, 밀가루 반죽을 발효시키는 기폭제는 우리 주위에 얼마든지 있답니다. 과일껍질이나 남은 채소 그리고 공기 중에도 떠돌고 있습니다. 따라서 오히려 발효를 억제시키는 것에 더 신경을 쓰는 것이 좋습니다. 가능하면 간단하게, 불필요한 것들을 넣지 않고 발효를 보호하고 지킨다는 마음으로 만들어 보세요.

조금은 못생기고 화려하지도 않지만 손으로 직접 구운 과자에는 햇살과 같은 따스함이 배어 있습니다. 그런 포근포근하고 따뜻한 맛의 과자를 나만의 효모종으로 만들어보세요. 누구에게나 인기가 있는 소박한 과자를 어렵지 않게 만들 수 있습니다. '차를 마시는 시간의 친구'라기보다 언제든 곁에 두고 먹을 수 있는 간식입니다. 여유 있는 시간에 가벼운 마음으로 만들어 보세요. 효모빵 만드는 것과는 또 다른 효모종의 매력을 느끼실 수 있을 것입니다. 효모의 매력을 알면 알수록 효모빵 만드는 솜씨도 쑥쑥 늘어납니다.

이 책에 소개된 빵·과자는 1년 365일 언제든 만들 수 있는 것과 더운 여름에는 만들기 어려운 것들이 있습니다. 유지방이 많이 포함된 파이나 버터케이크 종류는 유지방이 녹아내려 실패하기 쉬우니 가급적 덥지 않은 계절에 만들어 보시기 바랍니다. 반대로 카린토나 크래커 등 밀가루가 많고 수분이 적은 것은 발효의 진행이 느리므로 발효되기 쉬운 여름에 만들어 보세요.

채소 빵의 경우에는 수분의 양, 당도, 전분질에 따라 차이가 나기 때문에 래시피를 통해 정해진 숫자로 설명하기가 어려웠습니다. 생각보다 반죽이 질거나 생각했던 모양이 되지 않을 때도 있습니다. 하지만 부담 없고 가벼운 빵·과자를 만든다고 생각하고 마음에 드는 모양으로 마음껏 자유롭게 구워서 나만의 고유한 이름을 붙여주면 무척 즐거울 것입니다. 「납짝하게 되어 버린 옥수수빵」, 「파운드 상자에 들어간 당근아가씨 빵」 등과 같이 말입니다. 채소빵은 성형에 너무 얽매이지 않는 것이 포인트입니다.

이 책에서는 효모종을 빵 반죽 상태의 「중종」으로 만든 것을 사용하고 있습니다. 액종이나 분말종을 직접 사용하는 것보다 중종법을 이용하여 만드는 것이 반죽의 식감과 맛이 훨씬 좋아지기 때문입니다.

빵 반죽을 만들기 전에 우선 중종을 만드는 작업을 귀찮게 생각하시는 분도 계시겠지만 편리한 점도 있습니다. 만들어둔 과자용 반죽을 모두 쓰지 않고 아주 조금만 반죽을 남겨 그대로 냉장고 넣어둡니다. 그러면 그 반죽이 다음에 과자를 만들 때 「중종」의 역할을 하게 되는 것이지요. 예를 들어, 반죽에서 도넛을 만들 때 모양을 뜨고 나면 자투리 반죽들이 남지요? 이러한 반죽들을 모아 비닐 팩에 넣어 냉장고에 보관하면 다음 빵이나 과자를 만들 때 중종으로 사용할 수 있습니다.
「발효된 반죽」은 결국 「중종」인 셈입니다.

직장이나 집에서 연속해서 효모빵이나 과자를 만들어야 할 때, 이것만큼 편리한 발효종은 없습니다. 남은 반죽인 중종은 1주일 안이라면 얼마든지 상용할 수 있습니다. 어찌 보면, 부패하지 않는 영구적인 중종으로 재충전하여 얼마든지 사용하게 되는 것입니다.

집안에 아이들이 있거나 가족이 많은 분들은 며칠에 한 번씩 자주 빵을 굽거나 과자를 만들기도 합니다. 그럴 경우 일부러 중종을 만들지 말고 반죽의 일부를 적당량 남겨두어 그것을 중종으로 사용해 보세요. '이것만큼 편리한 종은 없구나'라는 느낌이 드실 겁니다. 가벼운 마음으로 양지에 나가 따스한 햇볕을 쬐는 기분으로 여유롭고 즐겁게 나만의 방식으로 만들어 나가는 것이 천연효모로 만드는 빵과 과자를 맛있고 즐겁게 만드는 가장 큰 포인트입니다.

원저자 소개

林弘子(하야시 히로코)

1958년 홋카이도 니세코 출생. 81년 일본산 유기
농재료를 사용한 제과제빵업「麻衣쿠키」을 설립.
현재 東京都国分寺市의 집에서 빵교실을 운영.
저서로는『물과 밀가루만으로 만든 빵종으로 만드는
천연효모빵』(아스펙트:アスペクト)『작은 천연효모빵
교실에 오신것을 환영합니다』(자연식통신사:自然食
通信社)『비법 자연발효종 빵만들기』,『일본풍·발효식
만들기』(정문사:晶文社)『국산보리과자와 빵』(농문협:
農文協) 등
블로그 : http://pink.ap.teacup.com/dragon-pit/

옮긴이 소개

김명주(金明珠)

동국대학교 국어국문학과 졸업
일본 쿄토 오타니대학교 대학원 문학연구과 문학석사
일본 쿄토 오타니대학교 대학원 문학연구과 문학박사
경기대학교 대학원 관광경영학과 관광학박사
현재: 숭실대학교 전산원 관광경영학과 외래교수
　　　경기대학교 관광경영학과 외래교수
　　　(사)관광경영학회 이사
　　　(주)와우트래블 홍보이사
주요 연구분야 : 한·일 고전문학, 한·일 문화관광,
　　　세계문화유산 등

천연효모로 만드는 빵·과자 레시피

비스킷에서 케이크, 간식 빵까지

2011년 11월 1일 초판 1쇄 인쇄
2011년 11월 10일 초판 1쇄 발행

원저자 · 林弘子(하야시 히로코)
옮긴이 · 김명주
펴낸곳 · (주)교학사
펴낸이 · 양철우
주 소 · [공장] 서울특별시 금천구 가산디지털1로 (가산동)
          [사무소] 서울특별시 마포구 공덕대로14길 4 (공덕동)
전 화 · 02-7075-311(편집), 02-7075-155(영업)
팩 스 · 02-7075-316, 02-839-2728(영업)
등 록 · 1962년 6월 26일〈18-7〉
정 가 · 10,000원

촬 영 · 西山輝彦 (Nishiyama Teruhiko)
스타일링 · 本郷由紀子 (Hongou Yukiko)